Elogio del leader pacato: Storie edificanti di leader introversi che hanno cambiato la storia

Fenice Tranquilla, Volume 3

Prasenjeet Kumar

Published by Publish With Prasen, 2022.

While every precaution has been taken in the preparation of this book, the publisher assumes no responsibility for errors or omissions, or for damages resulting from the use of the information contained herein.

ELOGIO DEL LEADER PACATO: STORIE EDIFICANTI DI LEADER INTROVERSI CHE HANNO CAMBIATO LA STORIA

First edition. April 9, 2022.

Copyright © 2022 Prasenjeet Kumar.

Written by Prasenjeet Kumar.

Sommario

Introduzione

Caro e pacato amico,

spero il titolo di questo libro ti abbia incuriosito.

Gli introversi possono essere leader? La domanda è il filo conduttore del libro, e se sì, sono soltanto esponenti di spicco, come i soliti ereditieri bamboccioni, o invece dei leader leggendari?

La società odierna ci bombarda continuamente sull'importanza di essere risoluti, coraggiosi ed egocentrici per diventare un "leader di successo" e come se non bastasse, non solo bisogna essere arroganti e presuntuosi ma in alcune circostanze ci consiglia di coltivare con cura questi tratti distintivi.

Ci viene chiesto di superare la timidezza e l'introversione, in quanto per il pensiero sociale comune, non sono virtù adatte a fare di te un futuro leader.

"Risveglia il tuo lato estroverso", ci chiederanno.

Facciamo immediatamente chiarezza su questo luogo comune poiché gli introversi non solo sono in grado di "capeggiare" ma anche di formare eccellenti leader.

Per portare avanti la mia ricerca, mi sono immerso in molti libri e articoli riguardanti alcuni introversi che la storia riconosce come grandi personalità. Ciò che ho scoperto mi ha del tutto sorpreso.

Gli introversi, ho intuito, erano persone estremamente di successo. E gran parte di essi è talmente conosciuta da farti rimanere di stucco.

Ciò che conta è che si siano affermati non per aver superato l'introversione MA proprio perché introversi.

Gli introversi hanno avuto successo in tutti i settori di "leadership estroversi": militare, politico, accademico o religioso. Alcuni guidano le loro truppe nel campo di battaglia per mezzo della violenza, altri invece lo fanno attraverso la temperanza.

Cosa ha reso, pertanto, questi personaggi introversi così di successo?

Gli introversi sono dotati di una forza naturale che se utilizzata al meglio può far diventare qualsiasi persona pacata un leader affermato. L'immaginazione è la qualità primaria di cui possono andare fieri. Parlano poco, ma pensano tanto. Il mondo esterno non sa cosa stiano pensando. Questo processo di ragionamenti circolari può portare allo sviluppo di una visione, un sogno.

Ed è proprio l'utopia il tratto distintivo che caratterizza le personalità dei leader introversi delineati all'interno del libro. Vedere il proprio popolo libero, o vivere in un paese che salvaguarda la salute e la felicità della propria gente, era il loro sogno.

Questi grandi della storia hanno proceduto a piccoli, ma concreti, passi per fondare istituzioni che fruttano risultati e progrediscono anche dopo secoli dalla loro morte.

Hanno, inoltre, una mente analitica e sono cauti per natura. Potresti pensare che una persona prudente non abbia le qualità in ambito militare dove attaccare l'avversario prontamente è considerato eroico? Ti stupirà sapere che alcuni dei più grandi generali della storia erano predisposti alla difesa piuttosto che all'attacco. Essi sono stati in grado di ottenere memorabili vittorie grazie alla loro temperanza: studiavano attentamente il campo di battaglia, le tattiche e i punti deboli dei loro nemici. Non fomentavano, non guidavano i propri compagni attraverso discorsi solenni, ma si mostravano come esempio.

È risaputo che gli introversi non amano essere al centro dell'attenzione, perciò com'è possibile che siano degli straordinari leader? Ebbene, ricordi l'antico detto "i fatti valgono più di mille parole"? Viviamo in un mondo dove i cosiddetti leader fanno troppe promesse (sempre in modo eloquente) ma non ne mantengono una. Per gli introversi è più difficile parlare che agire ed è un loro grande punto di forza, NON una debolezza. Questo è il motivo per cui le persone credono in te e nella tua integrità.

In molte storie di cui ti parlerò, leggerai di soggetti timidi che rimanevano seduti quando gli veniva chiesto di alzarsi, che guidati da una voce interiore compirono la più grande rivoluzione di tutti i tempi, semplicemente prendendo in mano una scopa e iniziando a spazzare il pavimento. Questi sono tutti semplici atti. Nessuna solennità, atto clamoroso o di coraggio eppure i risultati furono abbastanza significativi.

Da un leader ci si aspetta che faccia discorsi. Ma se non ti piace parlare in pubblico com'è possibile guidare una rivoluzione?

Non ti preoccupare! Ho notato che, i leader introversi, nei loro discorsi erano tutt'altro che pieni di sé. Le loro orazioni, tuttavia, erano emozionanti perché provenivano direttamente dal cuore ed è più facile esprimersi quando sono le emozioni a parlare.

Puoi essere timido nella vita reale o preso in giro dai bulli, ma quando vedi tagliare un albero o sparare un uccellino i tuoi ideali si risvegliano. Metti da parte la timidezza e la paura e cerchi il confronto. Puoi anche rischiare la tua vita per proteggere un albero o salvare un uccello. E non sei solo.

Quelli come te, leader introversi che incontrerai nelle prossime pagine, presto o tardi hanno fatto valere le proprie convinzioni. Riservati per indole, i nostri leader introversi hanno difeso quello in cui credevano con le unghie e con i denti e lo hanno fatto in maniera eccezionale.

In conclusione spendo due parole in merito alla religione. Potresti pensare che i più noti leader religiosi che diffondevano il messaggio di Dio fossero estroversi. Ti sorprenderò nuovamente dicendoti che gran parte di essi era un introverso che sentiva una forte connessione con Dio o con "l'io interiore".

Questo libro contiene storie riguardanti militari, politici, leader accademici e religiosi, tuttavia gli stessi principi possono essere applicati ad ogni ambito.

Preparati ad immergerti in un racconto in cui pacati, timidi, sensibili uomini e donne di TUTTO IL MONDO daranno prova di grande forza e coraggio. Leggerai quante difficili prove e minacce alla loro stessa vita hanno affrontato, e pari alla leggendaria fenice, sono risorti dalle ceneri, ma in modo pacato.

Come la *Fenice Tranquilla*, dal titolo della mia collana di libri.

La maggior parte di questi leader è conosciuta, ho tentato di mantenere nascoste le loro identità in modo da conferire alla narrazione un'aurea di mistero.

Attenzione: non ti stupire se ti accadesse di rispecchiarti in questi "leader pacati".

E anche se sei un estroverso, sono certo che apprenderai molto sulla leadership in genere.

Buona lettura!

Vostro,

Prasenjeet

Capitolo primo: Un timido e goffo giovanotto diventa il più celebre comandante delle forze armate nella storia inglese

---

I 7 febbraio 1847, Angela Burdett-Coutts, una delle donne più ricche del mondo, si propose ad Arthur. La vicenda non avrebbe suscitato mormorii nella società inglese, se Arthur non avesse avuto settantotto anni e Angela trentatré.

Nonostante la loro differenza di età, non vi erano dubbi sul fatto che Arthur fosse il degno spasimante. Era un soldato pluri-medagliato, aspirante al titolo di comandante dell'esercito britannico, ricoprì la carica di ambasciatore, parlamentare e fu anche primo ministro in Inghilterra per un breve periodo.

A detta di tutti, Arthur aveva stretto con Angela un'amicizia alquanto intima. Inizialmente Arthur le dava solo suggerimenti finanziari, ma in seguito secondo quanto afferma Edna Healey, autrice di *Lady Unknown: The Life of Angela Burdett-Coutts* (1978): "Il tono delle sue lettere, la scala a chiocciola della sua camera da letto, le sue ciocche aggrovigliate dimostravano quanto fossero intimi".

Questa non era la solita infatuazione tra ammiratore e celebrità. I sentimenti erano reciproci. Si vociferava che quando erano distanti, Arthur quotidianamente le scriveva una o due lettere. Sono state stimate oltre ottocento lettere scritte da Arthur nel corso della loro relazione. Si scambiavano di sovente "resoconti delle loro passeggiate", un fiore, una foglia o erbe aromatiche.

Ciò non poteva non causare pettegolezzi. Granville Leveson non mascherò la sua disapprovazione in merito alla condotta di Arthur:

Quelle inusuali effusioni tra lui e Miss Coutts, con la quale trascorreva le sue giornate, e tutte quelle dicerie riguardo alle sue intenzioni di sposarla, stavano sconcertando l'intera società. Tali deprecabili manifestazioni di perdita del lume della ragione, costituivano un'incresciosa preoccupazione data la sua invidiabile condizione: non aveva nessun incarico politico, ma era impegnato nelle pubbliche relazioni e attorniato da ogni forma di rispetto in tutti i versanti, in tribunale, in parlamento, nella società, dalla nazione.

Arthur rimase vedovo, la moglie morì di cancro nel 1831, ma anche prima che la consorte morisse non si risparmiò il piacere di qualche storiella. Una delle sue amanti, Harriette Wilson, cercò anche di ricattarlo minacciandolo di scrivere della loro relazione, ma egli magnificamente rispose: "Pubblicala e vai all'inferno"

Non vi era nessuna ragione per cui non avrebbe dovuto sposare Ms. Coutts.

Malgrado ciò, il giorno seguente la proposta le scrisse una lettera:

Carissima Angela, da quando ho lasciato casa tua non ho smesso un attimo di pensare alla conversazione avuta ieri, ho riflettuto attentamente su ogni parola scambiata. Il mio primo dovere verso di te è quello di esserti amico, guardiano, protettore. Sei molto giovane, mia cara! Hai dinnanzi a te hai una vita intera, la possibilità di almeno vent'anni di svago e felicità. Ti supplico, non sprecare la tua vita dietro un uomo abbastanza vecchio per essere tuo padre, che sebbene forte e in salute potrebbe col tempo subire le conseguenze e le infermità della vecchiaia... I miei ultimi giorni sarebbero avvelenati dal riverbero della tua vita triste e senza speranza.

Un tipo strano Arthur, il quale poneva il benessere degli altri al primo posto a discapito dei propri bisogni e desideri, non credi?

Per capire meglio dovremmo fare un passo indietro nella storia.

Arthur nacque nel 1769, esattamente quando in Corsica nasceva Napoleone. Perse il padre, conte di Morlington (Dublino, Irlanda) in tenera età. Egli era descritto come un bambino riservato e introverso. "Giuro su Dio che non so più cosa fare con questo figlio problematico" disse un giorno la madre rammaricata.

Nel 1781, all'età di undici anni, Arthur fu mandato ad Eton che, nel diciottesimo secolo considerata la scuola più esclusiva d'Inghilterra, portava vanto di aver formato lord, cavalieri e baroni. Purtroppo tutte le speranze vennero infrante poiché il ragazzo non mostrava alcun segno di miglioramento.

Arthur rimaneva "uno studente asociale e occasionalmente aggressivo, che non si impegna nello studio". Il suo unico interesse pareva quello di suonare il violino. Non aveva amici e non possedeva alcun talento. A scuola i suoi profitti non erano di certo migliori, nella classifica scolastica risultava quarantaquattresimo su settantanove.

La madre di Arthur pensava che il suo deplorevole figlio fosse "inutile come una chitarra senza corde". Di conseguenza lo ritirò da Eton nell'estate del 1784 e lo spedì a Bruxelles per imparare il francese. Nel gennaio 1786 fu mandato all'Accademia di Equitazione di Angers, in Francia.

Verso la fine del Settecento la Francia era considerata il luogo dove i ragazzi diventano "veri uomini". Ad Angers, Arthur apprese l'arte della scherma, dell'equitazione e fortificazione, infatti, trascorso un anno, nacque un Arthur rinnovato: un uomo con una notevole autostima e sicurezza.

Il giorno di Natale del 1787, Arthur venne nominato tenente della fanteria militare inglese. La sua indole introversa, tuttavia, gli impediva che qualcuno notasse in lui qualcosa di attraente.

La sera di un pomposo ballo, Arthur non riuscì a trovare una dama con cui danzare, rimase seduto vicino all'orchestra a godere della musica mentre gli altri "fluttuavano" allegramente con i propri partner. Al termine della festa tutti se ne andarono felicemente accompagnati. Arthur s'incamminò con i violinisti!

All'età di ventuno anni, era tra i papabili del suo lignaggio per ottenere una poltrona nel parlamento irlandese.

" Chi è quel giovanotto dall'uniforme scarlatta e larghe spalline?" commentò un visitatore alla Camera dei Comuni d'Irlanda.

"È Arthur" rispose un suo compagno.

"Scommetto che non è di molte parole" osservò l'ospite.

"Si sbaglia" disse il compagno, "Eccome se parla e quando lo fa arriva dritto al punto".

Dopo essere stato promosso a maggiore nel 1793, Arthur si fece coraggio e chiese la mano a Lady Catherine Sarah Dorothea Pakenham, sorella di Thomas Packenham, duca di Longford; questi declinò l'offerta poiché temeva che Arthur non fosse in grado di sostentare la sorella adeguatamente.

Arthur reagì terribilmente al rifiuto. Mise fuoco al violino e decise di concentrarsi esclusivamente sulla carriera militare.

Arthur desiderava a tutti i costi diventare tenente colonnello. In Inghilterra, era comune in quel tempo comprare una carica militare, e con l'aiuto del fratello Arthur "acquistò la propria promozione".

L'armata inglese mancava di ogni organizzazione. La condanna dei criminali consisteva nell'arruolamento. L'esercito era considerato come un'alternativa all'esilio, il carcere o la morte. Non mancava chi si arruolava perché non aveva un impiego e riempivano le file una non indifferente quantità di incapaci e alcolizzati. Un esercito di feccia umana che raramente eseguiva un addestramento!

Il momento del Tenente Colonnello Arthur di usare la sua eccezionale forza dell'introversione per riformare e salvare, l'ormai senza speranza, armata britannica era arrivato. Arthur, da introverso quale era, godeva del potere dell'intuizione che gli permetteva di conoscere istintivamente quale fosse la posizione ideale per ogni soldato. Al suo amico Bererford designò il comando delle truppe portoghesi (alleati degli inglesi contro i francesi) seppe riconoscere in lui intelligenza e risolutezza da istruttore. Fu una delle migliori decisioni prese da Arthur. I soldati male addestrati vennero collocati solo nella linea di difesa.

Anche se all'epoca seguire gli ordini era reputato meno importante che dimostrare coraggio in battaglia, Arthur strategicamente fece sì che le disposizioni dall'alto venissero strettamente rispettate e da grande sostenitore della disciplina, applicò un codice volto a punire coloro che disobbedivano alle direttive.

Per contro, premiava i disciplinati attraverso un alzamento di grado. Molto attento al benessere dei suoi uomini, si assicurava che venissero pagati regolarmente e che fosse fornito loro cibo, indumenti, scarpe e biancheria adeguate.

Essendo, Arthur, dannatamente timido non incitava i suoi uomini attraverso grandi discorsi. Difatti, egli stesso ammise di essere terrorizzato dalla possibilità di essere deriso dai propri interlocutori!

"Come motivava, di conseguenza, i propri uomini?" È il quesito che naturalmente ci poniamo.

A differenza dei suoi compagni, militari di alto grado, che frequentavano solo ufficiali di ordine non inferiore, Arthur socializzava con tutti, anche con i cadetti, principalmente durante l'ora dei pasti. Da buon introverso era genuinamente portato alla conversazione *tête-à-tête*. Spesso cavalcava con i suoi uomini con i quali scambiava amichevoli battute. L'essere chiamato "socio" dai compagni rappresentava una ulteriore dimostrazione d'affetto.

Nel 1796, il regimento venne mandato in India. Il fratello, Richard come governatore generale d' India, ordinò l'invasione di uno stato del Sud Mysore, si sospettava che il sultano Tipu stesse stringendo accordi con la Francia. Arthur catturò Mysore il 4 maggio 1799 e Tipu venne ucciso sul campo di battaglia.

Nel 1803, marciò contro uno dei Maratha Rajas che minacciava la frontiera inglese. Arthur condusse le sue truppe per centoventi chilometri, si trovò dinnanzi un'armata di cinquantamila Maratha con centoventotto fucili che sfidava i suoi settecento uomini con solo diciassette fucili. Nessuno ci avrebbe scommesso un centesimo sulla vittoria britannica.

La naturale attenzione per i dettagli tipica degli introversi tornò decisamente utile.

Arthur tentando di escogitare un piano per sconfiggere i nemici su un terreno favorevole individuò due villaggi su entrambe le sponde del fiume. Gli ufficiali del luogo sostenevano che fosse impossibile attraversare il fiume, non vi era un guado e gli argini erano troppo ripidi e scoscesi. Arthur attaccò nonostante le obbiezioni e il rischio di una carneficina.

Condusse il suo esercito lungo il fiume, e aggirò il fianco dei nemici, fatalmente sconfitti nella battaglia di Assaye.

Norman Gash racconta:

Le sue forze, ridotte a causa dall'opinabile decisione di mandare il contingente del colonnello Stevenson Hyderabad verso tutt'altro luogo, contavano solo settecento anime. Quel giorno i suoi uomini avevano marciato per venti miglia, la ritirata sarebbe stata tanto azzardata quanto un'avanzata. Intraprese il cammino più arduo. Intuendo, correttamente, la presenza di un guado tra i due villaggi nella parte opposta del fiume, traversò dal fianco posteriore rispetto ai Maratha e schierò le sue forza in un angolo ristretto tra il Kaitna e l'affluente del fiume, il Juah: una posizione che riduceva la parte anteriore e proteggeva il suo fianco, ma se fosse stata una trappola sarebbe stato sconfitto. I Maratha, affiancati dagli ufficiali francese, abilmente cambiarono fronte per poterlo affrontare, la vittoria fu preceduta da una sanguinosa battaglia. Il fianco destrò di Arthur si era spinto troppo in avanti e si scontrò con l'artiglieria pesante vicino il villaggio di Assaye. Su circa cinquantamila uomini che attraversarono il Kaitna oltre un terzo rimase ferito, le truppe britannica contava le maggiori perdite. Arthur combatté valorosamente dando un forte contributo al risultato. Nel mezzo della battaglia perse bensì due cavalli."

Una grande decisione! Fu la prima memorabile battaglia di Arthur. Arthur non si risparmiò, impiegò tutte le sue forze, dettava ordini con una tale padronanza di sé tipica dei veterani. Il suo cavallo venne colpito ed egli prontamente montò su un altro e continuò a lottare. La sera stessa i nemici fuggirono a gambe levate. Per merito di Arthur, che aveva stroncato la ribellione, l'Inghilterra si assicurava l'indiscusso dominio.

Il colonnello fu elogiato in parlamento, Calcutta gli consegnò una spada d'onore. Al tempo l'Inghilterra annoverava solamente ventiquattro cavalieri, fu per Arthur un grande orgoglio rientrare nella ristretta cerchia.

Egli era pronto, preparato per intraprendere una delle imprese più ardue. Nel 1815, Arthur guidò le sue truppe contro, apparentemente, l'inarrestabile Napoleone nella Battaglia di Waterloo. Beneficiando della sua forza intuitiva, Arthur selezionò personalmente le posizioni di ogni fanteria e prese decisioni di "basso profilo".

Per aggirare l'artiglieria di Napoleone, Arthur spostò le sue truppe sul pendio opposto al campo di battaglia. Il declivio faceva da scudo dai colpi di cannone. La tattica lasciò di stucco i francesi, che non riuscendo a vedere la brigata del colonnello, pensarono fossero scappati.

Ma nel momento in cui la cavalleria francese caricò verso il punto dove Arthur nascondeva le sue truppe, spuntarono gli inglesi che annientarono i nemici. Grazie a questa tattica, Arthur riuscì a sfondare le colonne francesi ripetutamente. Al tramonto Napoleone batteva la ritirata. Si dice spesso "I francesi arrivarono alla vecchia maniera e furono mandati a casa alla vecchia maniera".

Ebbene sì, mi riferisco al celebre Arthur Wellesley, primo duca di Wellington uno dei generali più valenti della storia inglese. Mediante il giudizio del terreno, delle tattiche e degli uomini

Arthur era in grado di sconfiggere avversari più potenti e appariscenti di lui.

Naturalmente, Arthur Wellesley era un introverso che mostrava la stessa grande forza di tanti altri "leader pacati". Egli condusse il proprio esercito proponendosi come un modello e espose sé stesso agli stessi pericoli che incorrevano i suoi soldati. Fu raggiunto ben due volte dai proiettili avversari e il cavallo, su cui era in groppa, venne ucciso.

Il suo stile era notevolmente differente da quello dei condottieri del tempo (Napoleone e il re Maratha) che davano ordini dall'alto guardando la battaglia a distanza di sicurezza. Ciò che contribuì maggiormente a rendere Arthur un generale di successo era la sua conoscenza del campo di battaglia.

Come molti introversi, era avverso al rischio. Non mise mai a repentaglio la vita dei propri uomini per una vittoria lampo ed era inoltre amareggiato dalla guerra. Difatti la storia lo accusa di esser stato troppo cauto e sulle difensive. Non si può dire lo stesso di Napoleone, il quale non fu mai toccato dal rimorso per aver inflitto catastrofi e causato milioni di morti. Napoleone considerava i suoi uomini solo numeri.

Le strategie di Arthur Wellesley sono tutt'oggi insegnate nelle scuole militari di tutto il mondo. Pari a molti introversi, egli possedeva un senso dell'intuizione molto sviluppato, grazie al quale perfezionò dovunque le tecniche militari.

Vi sono differenti opinion circa la sua personalità. A parere della sua padrona di casa, Mrs. Granville, era "l'uomo più amabile, modesto, perfettamente naturale" che abbia mai conosciuto.

Agli occhi di Mrs. Arbuthnot, egli era "una delle persone più gradevoli con la quale si potesse chiacchierare, così semplice, amichevole e cordiale. È letteralmente impossibile non amarlo una volta fatta la sua conoscenza. È premuroso, affettuoso e bonario con chiunque, devo dire che non ho mai conosciuto nessuno talmente tanto amato "

Nonostante ciò, per lo storico inglese Christopher Duffy, Arthur Wellesley "aveva una freddezza profonda nel cuore... Avrebbe potuto piangere nel vedere i caduti in guerra, ma in realtà era un bastardo senza cuore... a cui dobbiamo lo stereotipo del gentleman inglese: freddo, riservato, dall'abbigliamento sobrio..."

Arthur ricoprì la carica di primo ministro per un breve periodo. Tuttavia, in politica non conseguì il successo auspicato a causa del suo timore della democrazia e la paura di essere dominato dalla massa. Il rifiuto dell'opinione altrui era un tratto che Arthur e gli altri soldati si portavano dietro dalla loro esperienza di disciplina militare e consideravano l'essere contraddetti come un affronto.

Wellesley risultava piuttosto suscettibile circa le sue origini irlandesi. Vi fu un'occasione in cui un celta elettrizzato lodò le origini di Arthur, quest'ultimo replicò aspramente: "Il fatto che un uomo nasca in una stalla non fa di lui un animale."

Il politico inglese, primo ministro e comandante supremo era timido a un punto tale da evitare di rivolgere la parola persino ai propri domestici. Scriveva i compiti che questi dovevano adempiere in un taccuino che spesso lasciava sulla toletta!

Arthur Wellesley, Duca di Wellington morì a Walmer Castle il 14 settembre, 1852 e sepolto nella cattedrale di St Paul's. Norman Gash scrive: " il funerale più pomposo e spettacolare mai visto in Inghilterra, il corteo da Horse Guards via Constitution Hill a St Paul's contava un milione e mezzo di anime."

In suo onore, è stato eretto l'arco di Wellington, tutt'ora in piedi ad Hyde Park. Gli stivali di gomma, "Wellington boot", oggi in voga, si ispirano ad Arthur.

"Quando le mie memorie appariranno, molte statue crolleranno"

—Arthur Wellesley, Duca di Wellington

Capitolo secondo: Brilla di luce propria, non prescrive Libri Sacri, non intimorisce il prossimo eppure ha bilioni di seguaci

Nel VI secolo a.C., viveva nella foresta di Koshala (vicino la città sacra Ayodhya in India), un temibile brigante chiamato Angulimaal. Il bandito abbordava e uccideva brutalmente chiunque gli capitasse a tiro, per poi svolgere un macabro e disgustoso rituale: il malvivente tagliava il pollice (*anguli*) della vittima e lo inseriva nella sua ghirlanda (*mala*) di dita come se fosse un trofeo. Col tempo la sua preziosa collana aveva accumulato novecentonovantanove pollici, il numero delle persone uccise fino ad allora. Egli dichiarò pubblicamente il suo obiettivo di raccogliere ben mille dita umane.

Prasenjeet, decimo re di Koshala, inviò innumerevoli volte le sue armate alla cattura di Angulimaal, vivo o morto, ma non riuscì mai nell'impresa. Il sovrano approfittò della visita di un monaco erudito nel suo regno, per farsi suggerire una possibile soluzione. Il placido monaco assicurò Prasenjeet, gli disse che avrebbe fatto del suo meglio per trovare Angulimaal, e per mantenere la parola data, il giorno seguente il monaco si avventurò nella foresta disarmato. Angulimaal appena scorse il monaco errante, pensò fosse giunta l'ora di portare a termine il suo giuramento, presto la sua ghirlanda sarebbe stata formata da mille pollici. Prontamente si gettò alle spalle dell'uomo impugnando un coltello, ma il monaco proseguì a passo svelto ignorandolo. Quando Angulimaal, ansante, realizzò di non riuscire a raggiungerlo, gridò al monaco di fermarsi. Quest'ultimo si fermò, sorrise, raggiunse Angulimaal, lo guardò dritto negli occhi, sorrise nuovamente.

Angulimaal rimase allibito nel vedere il volto del monaco sereno e radiante. Sorpreso, non poté fare a mano di chiedere:

"Chi sei, Monaco? E perché sorridi? Ho solo visto il terrore nei volti di coloro che mi incontravano nel loro cammino. Li ho uditi urlare e implorare pietà. Come fai ad essere così calmo?" chiese Angulimaal.

"Oh Ahimsak (il non violento), io mi sono fermato, ma tu quando ti fermerai?" disse, misteriosamente, il monaco.

"Perché mi chiami "il non violento" se ho ucciso novecentonovantanove esseri umani? Il mio nome è Angulimaal o l'uomo che indossa una ghirlanda di dita umane, non lo sai?" chiese il brigante incredulo.

"Bontà e pace vivono in te. Per questo mi rivolgo a te come "il non violento", replicò il monaco.

La risposta lasciò Angulimaal ancora più perplesso.

"No, io sono malvagio. Questo è ciò che tutti dicono di me. Sono una persona cattiva. Io uccido esseri umani. Come posso essere buono?" affermò Angulimaal.

"Ma nel tuo cuore ancora alberga la bontà. Impara a riconoscere la tua vera natura," insistette il monaco.

"Strano! La gente mi chiama delinquente, bandito, genocida, malvagio, figlio del diavolo, ma tu persisti nel chiamarmi buono, il "non violento" pensò Angulimaal a voce alta.

Gli passò, in un attimo, tutta la sua vita davanti agli occhi. Nei suoi anni da studente era molto intelligente, ubbidiente, era talmente brillante che suscitava l'ammirazione degli insegnanti e l'invidia dei compagni che, proprio per tale motivo, pensarono di escogitare uno scherzo riferendo all'insegnate che Ahimsak (il nome reale Angulimal) stesse intrattenendo una relazione illegittima con la moglie del professore. Inizialmente egli non credette, ma in seguito la voce si diffuse per tutta la scuola e l'uomo infuriato, non potendone più, chiese ad Ahimsak di abbandonare la scuola.

Quando il padre di Ahimsak venne a conoscenza del motivo dell'espulsione, perse le staffe e cacciò il figlio di casa. Mentre, con aria abbattuta, camminava per le vie del paese, tutti i passanti iniziarono a puntare il dito contro di lui accusandolo di aver commesso il peggiore dei peccati, giacere con la consorte del suo "guru". Alcuni gettavano persino delle pietre contro la povera anima. Ferito nel profondo e sanguinante, Ahimsak, per vendicarsi dell'intera umanità, giurò di tagliare e collezionare quelle mille dita che erano state puntate contro di lui.

Copiose lacrime bagnarono le sue guance al ricordo della sua vita passata. S'inginocchiò dinnanzi al monaco e chiese perdono.

"È troppo tardi per abbracciare il bene, nobile?" chiese Angulimaal.

"Non è mai troppo tardi," replicò il monaco.

"Portami con te, oh illuminato. Mostrami la via della salvezza," supplicò Angulimaal.

Le spie del re Koshala riferirono che Angulimaal non solo era stato trovato, ma risiedeva anche nel campo del monaco. Il re Prasenjeet, curioso, volle recarsi personalmente sul posto: un uomo con la testa rasata e con indosso una tunica color zafferano che meditava in solitudine ad occhi chiusi; stentava, Prasenjeet, a credere di avere davanti a sé il feroce bandito temuto da tutto il suo regno.

Si racconta che Prasenjeet fu talmente impressionato da mettere a disposizione del grande monaco tutte le risorse del regno, difatti divenne mecenate dell'Illuminato.

Chi era questo monaco? Per capirlo, facciamo un ulteriore passo indietro nella storia...

Nell'anno 560 a.C., in tutto il piccolo regno Kapilvastu al confine tra India e Nepal si festeggiava la nascita del figlio del re Sakya Shudhodhana e per l'occasione giunsero i santoni per impartire la benedizione all'erede al trono al quale venne attribuito il nome di Siddhartha.

Shudhodhana voleva fare di suo figlio il più grande guerriero di tutti i tempi, così da poter conquistare nuovi territori ed estendere il nome e la fama dell'impero. Tuttavia, quando chiese agli astrologi di predire il futuro del figlio, essi rimasero stranamente disorientati.

"Sarà, mio figlio, il più grande guerriero di tutti i tempi"? chiese il re.

"Egli diverrà certamente un guerriero, ma conquistando il cuore e le menti attraverso il potere dell'amore, compassione e benevolenza." Rispose il maestro astrologo.

"Vincerà, mio figlio, grandi battaglie?" ribatté il sovrano.

"Si, sua altezza. Suo figlio combatterà grandi battaglie. Ma vincerà battaglie per mezzo delle emozioni e non della spada," fu l'intrigante responso.

Il re era turbato. L'astrologo, ritenuto da tutti infallibile, poiché tutte le sue previsioni si erano sempre avverate, fece qualcosa di inusuale, qualcosa che non aveva mai fatto prima:

"Mi inchino dinnanzi a te, oh anima sacra," disse con tono reverenziale.

Appena l'astrologo lasciò il palazzo, il sommo sacerdote suggerì al re di non esporre il neonato al contatto con sofferenti, malati, vecchi e cadaveri. Non era certo facile, ma il compito fu subito eseguito, la città era stata ripulita, nessuna traccia di anziani, malati e poveri.

Il re ordinò la costruzione di una città che potesse ospitare i derelitti. La città venne chiamata "La città del dolore" poiché non contava la presenza di cittadini giovani o in salute.

Il giovane principe iniziò a prendere lezioni di arti marziali e divenne sempre più abile a maneggiare la spada. Siddhartha amava anche andare a cavallo. Tuttavia, egli non sopportava la vista del sangue, persino durante gli esercizi di routine. Il suo disinteresse alla caccia di animali selvatici costituiva un problema poiché veniva considerata, in quel tempo, un atto di estremo machismo.

Siddhartha, a tempo debito, sposò la bellissima principessa Yashodhara. La coppia fu presto allietata dalla nascita di un figlio maschio, Rahul.

Il re persisteva nel mantenere il principe lontano dalla consapevolezza della vecchiaia, malattia e morte. Nonostante ciò, le persone invecchiavano o si ammalavano ogni giorno. Spostarli, anche una volta alla settimana, nella "Città del dolore" era diventato logisticamente un incubo.

Un giorno mentre tornava dal suo allenamento, il principe vide un uomo dai capelli argentei curvo su stesso.

"Che razza di persona è questa?" domandò il principe.

"È vecchio, maestà. Questo è ciò che ci accade quando invecchiamo," rispose il cocchiere in maniera concreta.

In un'altra occasione, il principe smarrì la strada di casa e si trovò per caso a vagare nella "Città del dolore". La vista della città colma di anziani e sofferenti risultò raccapricciante agli occhi di Siddhartha. I reietti lo circondarono rimproverandolo per averli allontanati dai familiari nel momento del bisogno.

Il principe era profondamente disturbato. Nella sua mente turbinava una sola domanda:

"Perché gli esseri umani soffrono così tanto, ci sarà un modo per placare la loro sofferenza?"

Siddhartha, ventinove anni compiuti da poco, decise di lasciare il palazzo dopo aver detto addio alla sua bellissima sposa e al figlio, per cercare LA VERITÁ ASSOLUTA. Si rasò i capelli e indossò una tunica color zafferano al posto delle sue risplendenti vesti reali, iniziò a vagare in compagnia di altri sacerdoti ed eremiti. Desiderava comprendere il motivo di tanta sofferenza dai suoi compagni, ma nessuno tra loro era in grado di rispondere al quesito sulla sofferenza e l'eventuale cura. Siddhartha lesse tutte le Scritture ma non contenevano le risposte alle quali tanto anelava.

Un giorno il principe incontrò un gruppo di monaci che si facevano chiamare "jainisti". Suggerirono a Siddhartha di rinunciare ad ogni cosa, inclusi mangiare e dissetarsi perché solo la sofferenza lo avrebbe condotto alla VERITÁ ASSOLUTA.

Il principe inizialmente si manteneva in vita solo con una manciata di foglie e noci, ma in seguito smise completamente di nutrirsi e in pochissimi giorni, il rituale rese Siddhartha talmente debole da farlo collassare, rischiando di annegare in uno stagno. Fu salvato da una donna che gli diede da mangiare del *kheer* (pudding di riso dolce). L'uomo, una volta rinsavito, capì che l'ascetismo estremo non lo avrebbe condotto alla felicità ultima. Doveva pur esistere una via di mezzo fra l'ascetismo e l'autoindulgenza.

All'età di trentacinque anni, decise di sedersi all'ombra di un albero di baniano e iniziò a riflettere su tutto ciò che aveva appreso e osservato negli ultimi sei anni. I Testi Sacri del tempo, riportano che il principe meditò per quarantanove giorni, nei quali, si narra che Siddharta abbia combattuto e vinto le forze del male quali, avidità, lussuria e rabbia.

Al termine dei quarantanove giorni Siddharta aprì gli occhi e il suo volto brillava d'infinita saggezza. Irradiava felicità, pace, amore e compassione come se avesse raggiunto l'illuminazione. I suoi compagni notarono la trasformazione e in segno di riverenza lo chiamavano "Buddha" o l'Illuminato.

Con soltanto cinque seguaci, i quali formarono il primo Consiglio Buddhista, la fama di Buddha si estese di giorno in giorno. Migliaia si unirono al suo ordine. La sua VERITÁ ASSOLUTA era di facile comprensione: nulla è permanente, felicità, tristezza, benessere, povertà, tutto muta, per questo bisogna vivere il presente, fare buone azioni, non essere violenti. La morte è la conseguenza della nascita. Dunque non vi è necessità di aggrapparsi alle cose materiali.

Buddha divulgava il suo messaggio sfruttando metodi e tecniche tipiche degli introversi, quali: privilegiare la solitudine per meglio esplorare l'interiorità, prediligere il confronto con il singolo piuttosto che con la folla.

L'Illuminato amava raccontare aneddoti sulla pace e la non violenza attraverso i quali convertì un elevato numero di persone. I suoi seguaci, tramite il suo metodo, allargarono la cerchia dei buddhisti praticanti.

Un giorno, una donna distrutta dal dolore perché il suo pargolo era morto prematuramente, si recò dall'Illuminato. Era alla disperata ricerca di una "medicina" che potesse far ritornare in vita il figlio. Al villaggio le avevano riferito dei miracolosi poteri di Buddha e la povera donna implorò Buddha di usare i suoi poteri per poter riabbracciare il sangue del suo sangue.

Buddha promise di aiutarla ad una sola condizione: avrebbe dovuto raccogliere dei semi di senape da un'abitazione inviolata dalla morte.

La madre si mise rapidamente all'azione, passava di casa in casa chiedendo dei semi di senape. Nella prima casa i genitori dei proprietari erano dipartiti la notte stessa. Nella seconda, una vedova le aprì la porta. Nella terza i proprietari erano deceduti. Ovunque andasse trovava abitazioni intaccate dalla morte. Di conseguenza, non riuscì a reperire alcun seme di senape. Infine ella realizzò la verità assoluta sulla vita, chiunque nasca è destinato a morire.

La consapevolezza guarì le sue ferite. Così, seppellì il figlio, tornò da Buddha gli confidò di aver compreso l'universalità della morte e lo implorò di prenderla nel suo ordine monastico. Buddha accettò prontamente la richiesta, fu al tempo una scelta rivoluzionaria, poiché nessun'altra religione al mondo (probabilmente per migliaia di anni a seguire) era disposta ad accettare una donna nel proprio ordine.

In un'altra esemplare circostanza, Buddha venne sfidato da un bramino, quest'ultimo dibatteva su quanto fosse importante seguire le Scritture alla lettera.

"Per quale ragione dovremmo abbracciare i tuoi metodi non convenzionali per trovare la verità? Se la via non ci è indicata nelle Scritture, non vale la pena seguirla", dichiarò il bramino.

Buddha sorrise e chiese al ragazzo di ascoltare un breve racconto. Il protagonista dell'aneddoto era un uomo carismatico con un discreto numero di seguaci. Il capo della setta chiese ai suoi discepoli di fissare le sue direttive in un libro che, col passare degli anni, divenne colmo di istruzioni. Ai discepoli veniva chiesto, qualora si presentasse un problema, di far riferimento al libro nel quale avrebbero trovato qualunque risoluzione. Prassi differenti erano severamente condannate. Ai discepoli non era permesso di agire senza prima aver consultato "il Libro".

Un giorno il leader stava attraversando un ponte di legno traballante che improvvisamente cedé e l'uomo cadde nel fiume. Non sapendo nuotare, iniziò a schiamazzare. I seguaci, seguendo gli insegnamenti, cercarono nel libro un modo per poterlo aiutare. Il capo continuava ad urlare chiedendo aiuto, i suoi discepoli lo rassicurarono dicendogli che stavano facendo del loro meglio per trovare una risposta. Non la trovarono e lo sfortunato morì annegato.

La storia fece comprendere al bramino che bisogna seguire una strada aperta, illuminata e non attenersi ciecamente a idee obsolete e conservative senza affidarsi al buon senso. Anche egli divenne presto un seguace di Buddha.

L'aneddoto rappresentava un'accusa delle organizzazioni religiose che preferiscono seguire alla lettera un particolare Libro sacro o una manciata d'istruzioni. È importante, tuttavia, ricordare che è il VI secolo a. C di cui si sta parlando, perciò cristianesimo e islam, le religioni con il maggior numero di fedeli, non erano ancora entrate in scena e, anche se fossero esistite, certamente Buddha avrebbe continuato a dibattere senza timore con i sostenitori delle due religioni.

Buddha continuava a vagare di luogo in luogo per diffondere il suo messaggio di logica e tolleranza. Dopo aver "domato" Angulimal, l'Illuminato si diresse ad Ovest verso il regno di Koshala, dove fu accolto con affetto dal re Prasenjeet e dai cittadini di Koshala. In seguito si spostò ad Est verso il regno di Magadha (l'attuale Patna nell'India Orientale). Il regno di Magadha era governato da un imperatore chiamato Ajatshatru, che aveva commesso patricidio. Aveva scagliato numerose guerre contro i regni vicini, riuscendo a conquistarli uno ad uno.

I sacerdoti bramini del luogo erano diventati ostili agli insegnamenti del Buddha e persuasero l'imperatore di Magadha ad attentare alla sua vita ma miracolosamente, il Monaco, riusciva sempre a salvarsi da ogni pericolo e complotto.

Quando l'imperatore si ammalò, chiese ai medici del suo regno quali fossero le cause della sua malattia, e come si potesse curare. Essi pensarono che ad affliggerlo fossero i sensi di colpa, per aver ucciso il padre e per aver tramato l'assassinio di Buddha, l'Illuminato, che a tormentarlo fossero i mali dell'anima e non del corpo.

"Il vostro cuore piange per la VERITÁ ULTIMA. Questo è un malessere della vostra anima spirituale. Chiedete aiuto a Buddha. Egli è un Medico Celeste. Non vi è essere umano sulla terra capace di curarvi ad eccezione del Buddha", affermò il medico reale.

L'imperatore decise di assistere ai sermoni dell'Illuminato nel monastero attiguo. Quando il sovrano ascoltò il messaggio d'amore, compassione, bontà trasmesso da Buddha, qualcosa nel suo cuore era cambiato e si prostrò ai piedi del monaco chiedendo il suo perdono.

"Io non sono il tuo re. Tu sei il Signore e Padrone del mio cuore. E io sono il tuo indegno schiavo", disse con voce sommessa l'imperatore.

"Non sei il mio schiavo. Sei mio figlio, il prescelto. La luce della mia compassione ha distrutto l'oscurità della tua ignoranza", rispose Buddha.

Anche il potente imperatore Ajatshatru, come narra la legenda, divenne seguace e mecenate di Buddha.

Le precedenti testimonianze spiegano la ragione per cui i devoti dell'Illuminato da appena cinque diventarono migliaia, fino al suo trapasso, alla matura età di novant' anni. Perfino la moglie, il figlio, la zia e altri membri della famiglia di Buddha si aggregarono all'ordine. Il movimento era diventato inarrestabile. I suoi discepoli continuavano a diffondere il messaggio del maestro, ogni seguace riusciva a convertirne altri dieci. Neanche la morte dell'Illuminato riuscì a cancellare il suo credo. Gli adepti di Buddha portarono il suo messaggio di pace e non violenza non solo in India, ma anche in Afghanistan, Burma, Cina, Cambogia, Indonesia, Giappone, Corea, Laos, Sri Lanka, Tibet, Thailandia, Vietnam ed in tanti altri paesi.

Nutrimento per l'intelletto

I "leader pacati" cosa possono apprendere da Buddha?

Il potere della conversazione *face to face*.

Gli introversi spesso non si sentono a loro agio discutendo in gruppo, ma prediligono rivolgersi al singolo, esattamente pari a Buddha. Tiranni, sacerdoti ostili, delinquenti, chiunque incrociasse il cammino dell'Illuminato non riusciva ad opporsi al suo messaggio. Per tali ragioni Buddha era etichettato dai nemici come un mago ciarlatano, le cui parole erano capaci di cambiare il cuore di ciascuno emozionalmente e spiritualmente.

Questo è il potere dei dialoghi *tête-à-tête*.

Se tu, da introverso, fai fatica a lasciare il segno, perché non cominci da una ristretta e selezionata cerchia? Lentamente puoi far sì che essi credano in te e nelle tue idee.

Nel mondo di Buddha, sono solo due gli errori che si possono commettere lungo la strada: non iniziare e non terminare ciò che si è iniziato.

"Migliaia di candele possono essere accese da una sola candela, senza che questa ne risulti intaccata."

—Buddha

Capitolo terzo: Il Lupo Grigio che sfidò il clero ed eresse un Paese Moderno.

———

Nessuno, o quasi, tollerava M, i tentativi di assassinarlo erano all'ordine del giorno. Nel 1926, per levarlo di mezzo, vennero assoldati dei sicari, ma furono tutti ben presto scoperti e arrestati. Uno fra questi, portato di fronte ad M, ammise di non sapere chi fosse il mandante: aveva accettato di ucciderlo temendo che egli fosse un uomo malvagio di religione contraria alla sua e intenzionato a provocare danni al Paese.

"Ma come," chiese M incredulo, " riusciresti ad uccidere uno sconosciuto? Avrai sicuramente puntato l'uomo sbagliato. " L'assassino spiegò che il "bersaglio" gli era stato segnalato poco prima che partisse lo sparo.

M, di scatto, tirò fuori il suo revolver e lo porse al sicario: "Bene, sono io M. Dai, prendi questo revolver e sparami!"

L'uomo lo guardò esterrefatto, cadde sulle ginocchia e incominciò a singhiozzare, scrive Lord Kinross.

M era estremamente fiducioso, la divulgazione delle sue idee rivoluzionarie, innovative, contro pratiche religiose e culturali irrazionali erano ormai inarrestabili, neppure la sua morte le avrebbe fermate.

Innanzitutto, chi era questo personaggio sfrontato chiamato M, e quali erano le sue intenzioni?

M nacque nel 1881 in Grecia. Era un ragazzo dagli occhi azzurri e i capelli color oro. I genitori, musulmani, presero una decisione alquanto rivoluzionaria quando fu il momento di scegliere tra una scuola musulmana oppure laica. Il ragazzo mostrava una certa abilità con i numeri ed era considerato dagli insegnanti "la perfezione".

La città natale di M, Salonicco (Tessalonica), era un calderone culturale, il porto trafficato da greci, slavi, turchi e giudei favoriva vivaci dibattiti, ma le influenze di H. G. Wells, Thomas Henry Huxley e Gustave Le Bon, su di lui, non erano di certo meno eclettiche di quella cittadina.

Pari ad altri introversi, M era asociale, ipersensibile e di salute cagionevole; caratteristiche che non lo facevano un personaggio molto gradito. Pur ritenendosi superiore, egli amava sfoggiare la sua istruzione impartendo lezioni agli altri studenti, in effetti i suoi meriti scolastici andavano oltre la media.

"Egli mostrava una certa gelosia, che mutava in una velenosa antipatia, verso qualunque ragazzo più apprezzato di lui. Non avrebbe voluto giocare un ruolo secondario per nessun motivo al mondo," scrive il capitano H. S. Armstrong, autore di "*The Grey Wolf*".

Paradossalmente, M era diverso dagli altri. Detestava la violenza e lo spargimento di sangue. Era contrario al sacrificio degli animali, prevalentemente una tradizione islamica, e avrebbe tentato in ogni modo di fermare questa, a suo avviso terribile, pratica. Quando un suo amico gli regalò un quadro che ritraeva un soldato turco mentre pugnalava un soldato greco, lo rimpacchettò e lo mise da parte.

M amava i fiori freschi e sul suo tavolo non mancavano mai. Nutriva, inoltre, una grande passione per cani e cavalli. L'amore verso i bambini, poiché egli non li ha mai avuti dal suo matrimonio, lo portò ad adottare diversi figli.

Un uomo così riservato, amante degli interessi normalmente considerati femminili, stranamente, scelse di fare carriera in campo militare. Cosa avrebbe potuto fare? Ti potresti domandare. Cosa ne sapeva lui di coraggio, della determinazione?

M si rivelò, invece, un generale eccezionale, migliaia di soldati avrebbero dato la vita per essere ai suo ordini. Non era affatto riluttante quando si trattava di gettarsi nella mischia per cambiare gli esiti della battaglia, riportano gli storici. I suoi uomini lo consideravano un modello esemplare: poiché preferiva agire, piuttosto che imporre il comando attraverso parole superficiali e false promesse.

Nel febbraio 1915, il sultano gli ordinò di allontanare le forze britanniche e francesi da Gallipoli che intendevano limitare l'accesso ai porti di Istanbul. M occupò il campo di battaglia e respinse l'assalto degli Alleati, sostenuti anche da soldati australiani e neozelandesi.

M era un esperto della guerra psicologica. Sapeva che a tenere in vita gli Alleati era il cibo in scatola, cosicché di tanto in tanto lanciava della frutta fresca o delle leccornie nelle loro trincee, genere alimentari che i soldati prima della guerra solitamente consumavano nelle loro famiglie. Il suo gesto aveva l'obiettivo di demoralizzare i nemici, terribilmente nostalgici di casa e per di più debilitati dalla dissenteria e dalle infezioni provocate dalla carenza di acqua potabile.

Non passò tanto tempo, gli uomini di M terminarono le munizioni. Guidato dall'istinto egli comandò di caricare, e attaccò personalmente il nemico con le baionette. La reazione degli Alleati fu inaspettata, terrorizzati si gettarono nello strapiombo, salvando la giornata ad M e le sue truppe.

Gli Alleati non avrebbero potuto vincere senza perdere migliaia di uomini. Di ritorno dalla guerra, egli fu accolto da eroe e ottenne una promozione.

Un giorno gli venne detto che era impossibile fare crescere i fiori nella sterile regione di Ankara, in Turchia, non per mancanza di terreno, ma per carenza di acqua. Forte della sua passione, M domandò:

"Se portassi dell'acqua, coltivereste fiori?".

Fece, così, costruire una diga vicino e aprì una fattoria per garantirne la coltivazione, e il paesaggio, un tempo arido, venne tramutato in un immenso giardino. Grazie ad M, responsabile "dell'inverdimento" e della modernizzazione di Ankara, oggi la città è diventata capitale.

M amava, naturalmente, anche gli alberi e non sopportava che venissero tagliati.

Una volta, si suppone avesse riferito espressamente un suo desiderio: "Trovate una nuova religione ... una religione la cui forma di preghiera sia piantare alberi".

M era determinato non solo ad attuare un cambiamento paesaggistico della nazione, ma anche politico e religioso. Detestava, e con grande amarezza, che il suo paese venisse chiamato "il cancro dell'Europa" e fosse governato da sultani medievali che pur di mantenere il potere non si ponevano problemi ad allearsi con francesi e inglesi. Era indignato per i suoi connazionali, tormentati da una fede cieca e dalla superstizione, che trattavano le donne come se non avessero alcun valore. M desiderava fortemente che la sua terra diventasse uno stato moderno, democratico, liberale e laico.

È facile esprimersi quando si detiene una giusta causa. Sebbene M fosse pacato e riservato, riusciva a parlare al pubblico, manifestando le sue idee con eloquenza ed impegnandosi duramente per raccogliere consensi:

"Il nostro ideale è quello di riuscire ad erigere una nazione con il più alto standard di prosperità e civilizzazione".

Nel 1920 dopo la sconfitta della Germania nella Prima Guerra Mondiale, il sultano turco firmò un trattato con l'Inghilterra, Francia e Grecia (gli Alleati) per il controllo di una vasta parte della Turchia e il sultanato non aveva più alcun potere effettivo. Questa mossa era esclusivamente volta ad assicurare al sovrano il posto sul trono.

M si ribellò e pubblicamente dichiarò di sostenere la sovranità della Turchia. Per tale presa di posizione fu dimesso dall'esercito, ma M, imperterrito, costituì l'Assemblea Nazionale dei giovani turchi che condividevano i suoi ideali, reclamavano una Guerra d'indipendenza turca. La guerra durò tre anni, durante i quali le forze turche ebbero la meglio su Gran Bretagna, Francia, Italia, Grecia e Impero Ottomano.

Grazie al suo scrupoloso tempismo, M avanzava e retrocedeva. Militarmente il sultano non aveva alcuna possibilità, ad eccezione della venerazione che il mondo islamico nutriva per il proprio califfo o supremo leader religioso.

M avrebbe potuto fare del sovrano un fantoccio, ma attraverso una mossa senza precedenti, decise di abolire il califfato e trasformare il suo Paese in uno stato laico.

La novità sconvolse i musulmani. Anche nella lontana India, Mahatma Gandhi era costretto a varare il movimento *Khilafate* per reintrodurre il califfato! La logica di fondo era quella di persuadere i musulmani conservatori ad unirsi alla campagna di Gandhi contro gli inglesi.

Altre nazioni misero una taglia sulla testa di M, l'Arabia Saudita dichiarò una *jihad* contro le sue politiche blasfeme, tuttavia, si trovavano con le mani legate a causa delle due guerre mondiali che le avevano indebolite, di conseguenza le loro antipatie verso M non erano di facile risoluzione.

"Religione! Estirpare la religione della Turchia sarebbe come strappare l'edera da un giovane albero," scrive Armstrong. La religione era intrecciata nell' identità di ogni comune cittadino ed era intenzione di M separarla, districarla dal singolo. Lanciò, quindi, una campagna per cambiare l'attitudine del suo popolo al quale "impose la fedeltà assoluta al Partito Popolare, in modo che diventasse di tendenza schernire la religione e quindi considerato stolto o addirittura pericoloso praticarla. Gli uomini non andavano più in moschea e la religione non era più di moda" spiega Armstrong.

M si muoveva come un tornado per introdurre rigore, misure impopolari e perciò inconcepibili. Nel 1924, M smantellò *Madarasas*, le scuole religiose. Il bersaglio seguente fu la legge *sharia* islamica, che venne abolita. Le confraternite religiose e i clerici islamici vennero dichiarati fuori legge e da un giorno all'altro l'intero sistema di leggi islamico venne messo da parte.

La poligamia venne abolita e il divorzio riconosciuto come un'azione civile, pertanto i musulmani non potevano chiedere il divorzio-facile pronunciando la parola '*talaq*' o divorzio tre volte. Mentre l'Arabia Saudita ha concesso il diritto di voto alle donne solo nel 2015, possiamo immaginare quanto si possa essere impegnato M per la causa dell'emancipazione femminile novant'anni anni prima.

Il suo obiettivo era quello di far uscire il suo paese dal medioevo e lo strumento era il Partito Popolare Repubblicano il cui programma era racchiuso nelle "Sei frecce" del partito: repubblicanismo, nazionalismo, populismo, statalismo, laicismo e rivoluzione.

Da febbraio a giugno 1926 il codice civile svizzero, il codice penale italiano e il codice commerciale tedesco vennero messi in vigore nel paese.

Un'altra riforma rivoluzionaria fu l'immediato rimpiazzo del codice arabo dall'alfabeto latino. L'educazione, in particolare, beneficiò di questa riforma, poiché una nuova tecnologia di stampa venne immediatamente introdotta in Turchia.

I turchi, originariamente, avevano solo il nome senza cognome e questa mancanza era fonte di confusione. Così nel 1934 M decretò l'adozione del cognome. Egli fu il primo a beneficiare della direttiva poiché l'Assemblea Nazionale gli diede il cognome di Atatürk "Padre dei turchi".

Sì, mi riferisco esattamente al grande Mustafa Kemal Atatürk colui che cambiò il corso della storia turca e del Medio Oriente con le proprie forze. Se visiti la Turchia da turista, t'imbatterai ovunque in statue di Atatürk, considerato "Eroe militare", "Liberatore della patria", "Leader carismatico", "Riformatore sociale senza eguali" e naturalmente "Padre dei turchi".

È ragguardevole come Atatürk abbia reso Gallipoli, vicino la famosa città di Troia, luogo dove gli Alleati vennero sconfitti vergognosamente, un centro di pellegrinaggio per i turisti australiani e neozelandesi. Egli riservava illimitatamente terreno alle altre nazioni per commemorare il loro caduti. Quando visitai Gallipoli, rimasi basito nel vedere enormi targhe commemorative sulle spiagge che riportavano le parole confortanti, sagaci e da uomo di stato di Atatürk:

Eroi che hanno versato il loro sangue e perso le loro vite (nelle battaglie di Gallipoli) [...] giacciono nel suolo di un paese amico. Riposate in pace. Non vi è alcuna differenza ai nostri occhi tra i Johnnies e i Mehmets dove giacciono vicini nel nostro paese [...] voi, madri che avete mandato i vostri figli lontani dalle vostre nazioni asciugatevi le lacrime. I vostri figli vivono ora nel nostro grembo e sono in pace. Coloro che hanno perso la vita su questo suolo sono anche nostri figli.

Atatürk era anche chiamato "il Lupo Grigio" simbolo di coraggio, forza e agilità nella mitologia pagana turca.

Nutrimento per l'intelletto

Coraggio, determinazione e integrità sono potenzialità caratteriali con le quali si nasce. Una persona timida difficilmente riesce ad imporsi, ma dinnanzi ad un estraneo maltrattato ingiustamente o un cane brutalmente picchiato, non si pone alcun limite a sostenere la parte del più debole. Esattamente come Atatürk, silenzioso e riservato secondo gli storici, ma sempre pronto a schierarsi con i suoi connazionali per la modernizzazione e la democrazia del suo paese.

Gli introversi, generalmente, agiscono perché credono nelle loro azioni. Non importa se la tua causa non è così imponente come quella di Atatürk, importante è avere qualcosa in cui credere, un ideale, piccolo o grande che sia. È stato osservato che gli introversi hanno una propria morale alla quale rimangono fedeli. Perciò da introverso è presumibile che tu mantenga la parola data per essere sempre visto con fiducia agli occhi degli altri, pari ad Atatürk, appoggiato lealmente dal popolo turco, disposto a sacrificarsi per l'ideologia del proprio leader.

Ognuno di noi ha un lupo grigio dentro di sé. Il nostro obiettivo è di scovarlo e liberare i suoi poteri.

"La vittoria è per coloro che dicono "La vittoria è mia". Il successo è per coloro che inizialmente affermano "Ci riuscirò" e confermare in seguito "C'è l'ho fatta, alla fine."

—Mustafa Kemal Ataturk, Primo Presidente della Repubblica Turca

Capitolo quarto: L'audace leone

RLM, bambina timida e quieta, viveva a Montgomery, in Alabama, uno degli stati dove nei primi anni Cinquanta per le persone di colore era difficile vivere poiché la segregazione razziale, che sfociava spesso in violenza o morte, era una pratica brutalmente comune. Note gang di bianchi, il Ku Klux Clan ad esempio, davano la caccia ai neri e uccidevano senza alcuna esitazione o rimorso. RLM una volta vide il nonno dietro la porta con in mano un fucile carico, egli aveva intravisto dei membri di un clan avanzare sulla strada e temeva potessero far del male alla sua famiglia o dar fuoco alla loro abitazione. Fu un'esperienza spaventosa per una bambina della sua età.

RLM poteva frequentare solo scuole segregate. Solo i bianchi potevano usufruire dei bus scolastici, mentre i neri erano costretti a raggiungere la scuola a piedi.

In altre città, ai neri spettavano i sedili posteriori dei mezzi pubblici e se la sezione dei bianchi si fosse riempita, i neri avrebbero dovuto indietreggiare ulteriormente. Gli autisti avevano "il potere di un poliziotto quando si trattava di far rispettare la legge sulla segregazione" in vigore a Montgomery.

I conducenti ponevano un segnale, ad occhio e croce a metà del veicolo, che separava i passeggeri bianchi e quelli afroamericani. Quest'ultimi dovevano pagare il biglietto nella parte anteriore del bus e in seguito scendere per poi risalire dalla parte posteriore, dove li aspettavano i sedili contrassegnati. Spesso il bus ripartiva prima che i malcapitati dalla pelle scura facessero in tempo a risalire.

Nel caso non vi fossero più posti riservati ai bianchi, i neri erano costretti a cedere il loro. Ogni persona di colore, inclusa RLM, era a conoscenza delle regole ed erano ormai abituati ad essere trattati come cittadini di seconda classe.

RLM aderì al "National Association for the Advancement of Colored People" (Associazione Nazionale per la promozione delle persone di colore, NAACP) e si schierò attivamente per la protezione dei diritti civili. Fu, presto, scelta come giovane leader del NAACP di Montgomery e segretario del presidente del NAACP, E.D. Nixon.

L'1 dicembre 1955, dopo un'estenuante giornata di lavoro, RLM desiderava soltanto tornare a casa il più presto possibile. Era stanca e stremata quando il bus arrivò, pagò il biglietto per prendere il suo posto, ma nel momento in cui la sezione per i bianchi si riempì venne chiesto ai neri di liberare i loro posti a sedere.

"Spostatevi da lì, se non volete che vi succeda niente," comandò l'autista.

Tre di loro acconsentirono, ma RLM rimase seduta.

"Perché non ti alzi?" le chiese il conducente.

"Non credo che io mi debba alzare", rispose RLM. Aveva sopportato atti discriminatori per tutta la sua vita e ora stava raccogliendo tutto il coraggio in corpo per porre fine a questa ingiustizia.

"Bene, se non ti alzi, chiamo la polizia e ti faccio arrestare", minacciò l'autista.

"Fallo!" disse RLM sapendo pienamente a cosa andava incontro.

RLM non aveva agito né con violenza, né impulsivamente. La polizia l'arrestò per la violazione dell'Articolo 6, Sezione 11, del codice civile della città di Montgomery. Venne portata al commando dove fu in seguito rilasciata su cauzione.

L'audacia di RLM suscitò scalpore nella piccola cittadina. La sera del suo arresto, il braccio locale del NAACP di cui RLM faceva parte, si riunì per pensare alla mossa seguente. Costituirono il "Montgomery Improvement Association" (Associazione per il miglioramento di Montgomery, MIA), ed elessero Martin Luther King Jr. loro leader. Il primo passo fu boicottare i bus locali; i neri vennero incoraggiati a rimanere nelle proprie abitazioni o a prendere il taxi per andare a lavorare.

Il 5 dicembre 1955, quando RLM giunse al tribunale, venne acclamata da una folla di cinquecento sostenitori locali. La corte indifferente la dichiarò colpevole e le impose una multa di $10, più $4 di tassa giudiziaria. I bus erano quasi vuoti quel giorno. Man mano che il boicottaggio andava avanti, molti bus rimanevano improduttivi, poiché gli afroamericani costituivano due-terzi della popolazione pendolare; ciò portò presto ad una forte crisi economica delle compagnie di trasporto.

La reazione dei bianchi fu rapida e potente. Alcune chiese frequentate da gente di colore furono oggetto di rappresaglie. Le case dei leader della *Black community*, incluse quelle di Nixon e Martin Luther King Jr., vennero assaltate e distrutte. La garanzia che assicurava ai neri pendolari di spostarsi in taxi fu sospesa. Un notevole numero di cittadini di colore fu arrestato per aver organizzato il boicottaggio.

L'evento segnò una scissione profonda fra le due comunità. Una squadra di legali di colore si riunì per trattare formalmente la questione della segregazione sui mezzi di trasporto. Nel giugno 1956, il tribunale locale dichiarò le leggi di segregazione razziale (anche conosciute come, "Jim Crow laws") incostituzionali. La città di Montgomery si appellò contro la decisione della corte ma il 13 novembre 1956 la Corte Suprema degli Stati Uniti confermò il giudizio del tribunale inferiore, segnando un'importante svolta nella storia razziale degli Stati Uniti d'America.

Il boicottaggio durò trecentottant'uno giorni, conosciuto come uno dei più grandi movimenti di massa contro la segregazione razziale. A causa della forte perdita economica e il sistema giuridico contro, la città di Montgomery si trovò costretta ad abolire la politica di segregazione sui mezzi pubblici. Il boicottaggio terminò ufficialmente il 20 dicembre 1956.

Pensare che tutto iniziò con una piccola donna nera che non accettò di liberare il sedile per un bianco. "La sua tempra non solo motivò sé stessa a prendere una posizione, ma fece sì che la sua posizione sconvolgesse una nazione".

Inizialmente ella necessitava di determinazione e coraggio, difatti RML, in seguito scrisse:

"Quando l'autista si diresse verso di noi e con un cenno ci indicava di spostarci, sentì una determinazione coprire il mio corpo come una trapunta in una notte d'inverno".

La spontaneità, la pace e la non violenza costituiscono la straordinarietà di questa forma di protesta. Questo può essere definito il potere della pacatezza.

Potresti pensare che questa storia sia troppo bella per essere vera, ma caro amico, è basata su un evento assolutamente reale.

La donna a cui ho dato l'appellativo RLM è **Rosa Louise McCauley Parks** o in breve **Rosa Parks**.

Sebbene, sia divenuta simbolo del Movimento per i Diritti Civili, Rosa Parks patì molto nei mesi seguenti all'arresto. Perse il lavoro e suo marito venne licenziato dopo che il suo capo gli proibì di parlare di sua moglie o del loro caso giudiziario.

Impossibilitati a trovare lavoro, la coppia lasciò Montgomery e si trasferì a Detroit, Michigan dove Rosa svolse nuovi lavori e venne in seguito assunta come segretaria nell'ufficio congressuale del deputato americano John Conyer.

Nel 1987, Rosa fondò "Rosa and Raymond Parks Institute for Self-Development".

Nel 1992, Rosa pubblicò *Rosa Parks: My story*, un'autobiografia che racconta la sua vita nel segregato Sud. Nel 1995, pubblicò *Quiet Strength*.

Ricevette molti riconoscimenti: la "Spingarn Medal", il premio più alto conferito dal NAACP, e il prestigioso "Martin Luther King Jr. Award". Il 9 settembre 1996, il presidente Bill Clinton premiò Rosa con la Medaglia Presidenziale della Libertà (Presidential Medal of Freedom). L'anno seguente, ricevette la Medaglia d'oro del Congresso (Congressional Gold Medal), il più alto riconoscimento dato dal ramo legislativo americano. Nel 1999, la rivista TIME nominò Rosa nella lista delle "Venti persone più influenti del Ventesimo secolo"."

Il 24 ottobre 2005, all'età di novantadue anni, Rosa Parks morì nel suo appartamento di Detroit, Michigan. La sua morte fu contrassegnata attraverso numerose servizi commemorativi, nella rotonda del Campidoglio di Washington D.C., si contavano cinquantamila persone per un ultimo saluto all' eroina. Rosa è seppellita nel cimitero di Detroit, nella cappella-mausoleo, chiamata in seguito Rosa L. Parks Freedom Chapel.

Il 4 febbraio 2013, ricorre il centesimo anniversario della nascita di Rosa Parks, è stato distribuito un francobollo commemorativo chiamato *Rosa Parks Forever stamp*. Un mese dopo, il presidente Barack Obama, nel Campidoglio, svelò la statua in onore della Parks ricordandola con queste parole:

" In un solo momento, con un semplicissimo gesto, ha contribuito a cambiare l'America e il mondo [. . .] E oggi, prende il posto che le spetta, tra coloro che hanno rovesciato la rotta di questa nazione."

Nutrimento per l'intelletto

I "leader pacati", probabilmente, non riusciranno a imporsi sbattendo prepotentemente i pugni su un tavolo o a dichiarare ad alta voce le loro idee per dirigere la folla. Un semplice atto, come non liberare un sedile, potrebbe essere abbastanza per accendere la scintilla della rivoluzione e impone alla tua comunità o organizzazione a seguirti.

"Una quieta forza d'animo" ed "umiltà radicale" non implica non avere il coraggio di un leone.

"Ho imparato negli anni che quando la mente di qualcuno è preparata, diminuisce la paura; sapere ciò che bisogna fare scaccia la paura"

—Rosa Parks

Capitolo quinto: Gesù era un introverso?

———

Mi sorprendevo, non essendo cristiano, quando i miei amici introversi, che lo erano, esprimevano le loro emozioni riguardo all'essere discriminati dalla Chiesa.

Durante i miei tre anni, piuttosto intensi, di permanenza a Londra ci incontravamo per chiacchierare nella hall di un residence gestito da un'organizzazione cattolica e trovavo difficoltà a capire se credere loro o meno. In seguito a delle ricerche sull'argomento, ho constatata che "sì, le chiese preferiscono l'estroversione" e verso l'introversione non danno l'impressione di essere così accomodanti, a volte, ancora peggio, etichettano le personalità pacate come "carenti di spiritualità" o "riluttanti a ricevere il messaggio di Dio".

Una persona socialmente attiva, che interagisce frequentemente con gli altri, è considerata più vicino a Dio, mentre l'assenza di fede è caratteristica di coloro che prediligono la solitudine e scartano automaticamente gli eventi sociali. Da un punto di vista pratico, è più vantaggioso reclutare persone super attive nel coro, in quanto riescono a portare più persone alla messa domenicale o più abili nel raccogliere fondi per il mantenimento della Chiesa.

Provengo da una cultura induista-buddhista, dove meditazione e autoriflessione (trascorri del tempo con te stesso) sono pratiche che avvicinano a Dio e alla Verità; è inutile dire quanto mi possa aver stupito la loro rivelazione. Mi sono sempre chiesto se il credo cristiano sia in qualche modo legato alla percezione popolare che Gesù fosse un estroverso.

Esaminiamo questo mito un po' più da vicino.

Si, Gesù, stando a quel che si dice, parlava in modo eloquente e incontrava sempre nuova gente, e tutto ciò, senza alcun dubbio non è segno di introversione. Possiamo, quindi, concludere che essendo Gesù l'unico figlio di Dio, questi debba preferire l'estroversione all'introversione?

Gesù era, presumibilmente un introverso, e prima che ve ne dia la prova, vorrei condividere alcune ricerche psichiatriche rilevanti per la tematica affrontata:

Incluso nel test sulla personalità di Myer-Briggs (un test psicometrico che classifica sedici tipi di personalità), vi è un profilo definito "INFJ". Non soffermiamoci troppo sugli aspetti tecnici, ma potete cercare su Google "personalità INFJ", troverete questo:

Le personalità INFJ sono **intense** e perfezioniste. **Profondamente intuitive** in molti aspetti della vita, spesso si pongono obiettivi molto ambiziosi. Sono molto **servizievoli** ed **empatici** verso il prossimo [...] Molto intelligenti e capaci di concentrarsi, gli INFJ sono in grado di intuire idee o concetti elaborati [...] Possono raggiungere un livello di conoscenza che li rende saggi. L'idealismo e il perfezionismo dei INFJ, combinato alla loro empatia e genuina preoccupazione per gli altri, può far di loro dei **veri servi** del popolo in un certo qual modo.

Vi ricorda in qualche modo Gesù? Non ancora convinti?

Cominciamo da quando Gesù aveva dodici anni. Secondo un verso della Bibbia, Gesù era stato smarrito e trovato tre giorni dopo al tempio. Cosa faceva?

"...seduto in mezzo ai maestri, mentre li ascoltava e li interrogava." *(Luca 2:46)*.

Come potete constatare Gesù non stava giocando con gli altri ragazzi della sua età e non temeva la solitudine. Tutt'altro che estroverso, non credete?

Difatti, pari ad un tipico introverso (che preferiscono discussioni impegnate alle normali chiacchiere) Gesù si cimentava in discussioni filosofiche e teologiche con gli adulti; non esattamente una conversazione spicciola, di cui gli estroversi sono appassionati.

Gesù ascoltava e faceva domande, abilità naturale degli introversi. Perciò se fosse stato un estroverso, sarebbe stato, probabilmente, trovato a giocare con altri bambini e parlare solo con pochi adulti.

Il Vangelo di Luca afferma, "E tutti quelli che l'udivano erano pieni di stupore per la sua intelligenza e le sue risposte." (verso 47). Pare che il Figlio di Dio, da buon INFJ, mostrasse una profonda conoscenza che lo faceva sembrare più saggio dei bambini della sua stessa età.

Nella Bibbia, Gesù è dipinto come un "tipo serio". Ad esempio, non ride mai. Egli trascorse quaranta giorni nel deserto. Ora, se hai un amico estroverso saprai certamente che impazzirebbe senza socializzare o incontrare gente per quaranta giorni.

Cristo spesso si ritirava dopo essere stato in mezzo alla folla. Alcuni hanno osservato che Egli sentiva l'energia disperdersi dopo essere stato toccato dalle genti. Questo potrebbe significare che lo stremava stare a contatto con troppe persone, tratto caratteristico degli introversi.

Gli INFJ tendono ad essere gentili, premurosi, compassionevoli qualità che descrivono Gesù alla perfezione. Egli era fortemente compassionevole verso il prossimo "E vedendo le turbe, n'ebbe compassione, perch'erano stanche e sfinite, come pecore che non hanno pastore" (Matteo 9:36). "Or quando uscì, vide una grande folla; e ne ebbe pietà, e guarì i loro malati" (Matteo 14:14), "Provo pietà per la folla, perché sono già tre giorni che stanno con me e non hanno da mangiare; e non voglio mandarli via digiuni" (Matteo 15:32).

Gli INFJ considerano sé stessi servitori del prossimo. Gesù "non è venuto per farsi servire, ma per servire e dare la propria vita in riscatto per molti" (Marco 10:45). Bontà e altruismo appartenevano alla sua personalità.

Aveva un selezionato gruppo di amici, e fra tutti i suoi seguaci, scelse solo dodici discepoli. Ciò conferma che Gesù preferisse interagire con un piccolo gruppo di amici fidati che con la folla. Quando incontrava persone sconosciute, il suo intento era solo diffondere il suo messaggio e non ricaricare le batterie con conversazioni spicciole. Socializzare era lo scopo volto al compimento della sua missione. Egli non cercava il divertimento come i nostri cari amici estroversi.

Gli INFJ hanno una "bussola interna" che gli suggerisce cosa sia giusto e sbagliato. Questo sistema di valori personali differisce spesso dai valori comuni dettati dalla società.

Durante il suo tempo, una donna adultera doveva essere lapidata. La famosa frase di Gesù "Chi è senza peccato, scagli la prima pietra" è un esempio lampante di una concezione di morale completamente diversa da quella comune.

In conclusione, quando il Figlio di Dio venne condannato alla crocifissione, differentemente dal suo discepolo Paolo, non proferì alcuna parola in sua difesa, ma rimase in silenzio.

Perciò, Gesù era un introverso?

La Bibbia non fornisce un verdetto ben chiaro, di conseguenza lascio a voi la facoltà di rispondere. Tuttavia, forti indizi alludono all'introversione del Salvatore. Alcuni sostengono che Gesù sia Dio e pertanto non era né estroverso né introverso. Ma come tutti sanno, Gesù è stato anche una persona reale.

È interessante che gli INFJ sono personalità alquanto rare. Si ritiene che circa l'1% della popolazione mondiale rientri in questa categoria. E se Gesù appartenesse a questa categoria, Egli sarebbe la rarità della rarità, abbastanza per renderlo unico come un Dio.

Un piccolo suggerimento: non vi è bisogno per qualunque cristiano introverso di pensare che ci sia qualcosa che non va con te stesso.

Spero che questo capitolo ti abbia risollevato, se da persona quieta ti è capitato in passato di non sentirti meritevole dell'amore di Dio.

"Non sia turbato il vostro cuore."

Gesù Cristo

Nutrimento per l'intelletto

Cosa puoi imparare dall' umile leadership di Gesù?

Egli iniziò con una stretta e selezionata cerchia di seguaci. Oggi il cristianesimo conta il 33% della popolazione mondiale.

I seguaci del Maestro (alcuni più estroversi di altri), naturalmente, contribuirono a diffondere il suo messaggio all'umanità. Non ti sembrerebbe una buona idea iniziare con l'influenzare un selezionato gruppo di persone (generalmente gestibile per leader pacati) e far sì che il tuo pensiero si diffonda attraverso ciò che oggi, dal marketing, viene chiamato comunemente passaparola?

"Or ecco, io sono con voi tutti i giorni, fino alla fine dell'età presente."

Gesù Cristo

Capitolo sesto: La liberazione di una nazione paria condotta da dietro le quinte

Stava arrivando. Il governo stringeva la morsa contro i rivoltosi, Madiba si rifiutava di farsi intimidire. Come leader del "Governo eletto legalmente", ispirato a Gandhi e non violento, egli era irremovibile, ed il governo, che aveva intravisto in lui una terribile e incombente minaccia, fece arrestare Madiba per sedizione e congiura contro lo Stato, condannandolo all'ergastolo il 12 giugno 1964.

Madiba venne trasferito in un'isola vicina, dove trascorse ventisette anni della sua vita in una minuscola cella 7x 9. Ogni giorno, insieme agli altri prigionieri, veniva accompagnato in una cava di calcare dove si era costretti a spaccare le rocce con un piccolo martello. La polvere gli aveva danneggiato i polmoni e il condotto lacrimale. Madiba non poteva piangere, neanche quando lo desiderava.

La cella non era provvista di bagno, la "toilette" era una cava nei pressi della prigione. Le guardie, per ovvi motivi, non si avvicinavano mai alla cave, così Madiba sfruttò la possibilità di fare del luogo un vero e proprio centro per lo scambio d'informazioni. Si dice che importanti incontri politici siano avvenuti proprio all'interno della cava.

Quando la madre, nel 1968, e l'anno seguente il figlio maggiore Thembi morirono, non gli fu concesso di partecipare ai funerali.

Il 12 agosto 1988, gli fu diagnosticata la tubercolosi. Dopo tre mesi in due ospedali diversi fu traferito, il 7 dicembre 1988, nella prigione Victor Verster dove trascorse altri quattordici mesi prima di venir rilasciato l'11 febbraio 1990. Si pensa che abbia rifiutato l'offerta del pagamento di tre condizionali per poter esser rilasciato prima.

Madiba fu nominato Premio Nobel per la Pace nel 1993. L'anno seguente, fu eletto Presidente del Governo che per tutta la vita aveva tentato di rovesciare.

Chi era Madiba? Qual era la sua storia? Procediamo con ordine.

Madiba nacque in piccolo villaggio chiamato Myezo. I genitori gli parlarono dei suoi antenati, narrandogli storie di coraggio e di valore. Fu così che il ragazzo, sin dalla tenera età, sognava di lasciare un segno nel mondo, proprio come i protagonisti dei racconti.

Il figlio del capò tribù era un carissimo amico di Madiba, nonostante avessero caratteri diversi. L'amico era un estroverso chiacchierone ironico, mentre Madiba un introverso per eccellenza, serio e un po' noioso.

Come ha potuto, Madiba solitario e asociale, contribuire a cambiare il mondo?

Egli era molto colpito dal capo tribù, Jongintaba. Amava osservarlo mentre cercava la risoluzione per acquietare le dispute tra i membri della tribù. Quando teneva le riunioni, permetteva che ognuno esprimesse le proprie idee. Solo dopo aver ascoltato tutti, Jogitaba iniziava a parlare.

"Il trucco non è dire agli altri cosa fare, ma costruire il consenso", era il consiglio di Jogitaba. "Spesso è preferibile non entrare in dibattito all'inizio degli incontri: meglio lasciarsi condurre verso la pacifica risoluzione, piuttosto che dirigerla personalmente. È saggio persuadere l'altro ad agire, facendogli credere che l'azione sia frutto di una propria idea."

In un pomeriggio uggioso, mentre portava il bestiame al pascolo, a Madiba balenò nella mente che un gregge può essere condotto solo dalla parte retrostante.

Da collegiale, nel Clarkebury Institute, egli scrutava il preside da lontano, ma raramente gli rivolgeva la parola. Nel suo tempo libero, adorava rimanere da solo. La solitudine gli dava l'opportunità di pianificare, riflettere ed organizzare.

Naturalmente, Madiba era un ragazzo molto sensibile, grande dono degli introversi. Quando una sua compagna, dotata, come egli stesso notò, di grande intelligenza, abbandonò la scuola, scoprì che era stata costretta ad interrompere gli studi a causa delle scarse risorse dei genitori. Egli comprese che non era la mancanza di abilità a limitare gli africani, ma di opportunità.

A diciannove anni, Madiba si vedeva già destinato ad un ruolo universale.

"Ho iniziato a sentirmi ed indentificarmi come un africano, non solo un Thembu o Xhosa. [...] Ho iniziato a capire il mio dovere verso tutto il mio popolo. [...] Sentivo che le correnti trasportavano la mia vita...verso... un luogo dove la fedeltà al proprio credo ed etnia sfociavano in un unico obiettivo".

Lavorando come assistente legale, Madiba intraprese il suo percorso con il Congresso Nazionale dei Nativi. Tuttavia, era troppo timido per prenderne parte attivamente.

"Partecipavo solo come osservatore, pensavo che non avrei mai parlato. Volevo comprendere le questioni discusse, valutare gli argomenti, studiare il calibro degli uomini coinvolti," afferma Madiba.

Il 1940, un anno terribile per la gente di colore, una legge che sanciva la segregazione razziale fu promulgata dal partito al potere. Quando il paese di Madiba divenne una colonia inglese, il razzismo penetrò all'interno del Paese e non lo abbandonò. Tuttavia, era la prima volta che una legge ufficiale legalizzava la discriminazione. Questa drastica legislazione classificava la popolazione in quattro gruppi razziali - "neri", "bianchi", "meticci" ed "indiani", collocati, in seguito, nelle rispettive aeree.

I nativi furono forzati a lasciare le proprie case per essere segregati nel loro circondario. Circa tre milioni e mezzo della popolazione di colore venne sradicata dalla propria terra, questa rimozione di massa viene considerata la più brutale della storia contemporanea. Il governo non si fermò: i bambini neri non potevano frequentare la stessa scuola dei bianchi, i nativi non avevano accesso agli stessi servizi medici garantiti ai bianchi, non era permesso loro partecipare alle gare sportive nazionali, non potevano condividere la stessa spiaggia, gli stessi mezzi pubblici.

Per dare voce al proprio dissenso contro questa assurda legge, il Congresso Nazionale dei Nativi (di cui Madiba era membro) lanciò una campagna di disobbedienza civile in associazione con il Congresso Indiano. Madiba e altri diciannove vennero arrestati e condannati a nove mesi di lavori forzati.

Inizialmente, egli sposò una politica di resistenza pacifica contro le leggi di segregazione razziale, ma presto iniziò a dubitare dell'efficacia del metodo della non-violenza promosso da Gandhi in seguito alla brutale uccisione da parte del governo, nel 1960, di sessantanove uomini disarmati.

"Molti pensano che sia inutile continuare a parlare di pace e non-violenza, quando il governo non si fa il minimo scrupolo ad attaccare persone disarmate e indifese," dichiarò.

Madiba si occupò dell'organizzazione di un'ala militare nel Congresso Nazionale dei Nativi, che causò il suo arresto nel 1962, per sabotaggio, tradimento, supporto del Comunismo (accuse che conducono al rischio della pena di morte). Senza alcuna preoccupazione per la sua stessa vita, Madiba si rivolse al giudice bianco con le seguenti parole:

"Ho lottato contro il dominio bianco e ho lottato contro il dominio nero. Ho auspicato ad una società libera e democratica, dove si vive in armonia ed uguaglianza [...] È un ideale per cui voglio vivere e spero un giorno si realizzi.

Tuttavia, vostro Onore, se necessario è un ideale per cui sono pronto a morire".

Dagli anni Novanta, l'economia internazionale e lo scenario politico si avviarono verso un cambiamento. La Guerra Fredda era finita e l'America non era più interessata ad appoggiare i regimi anticomunisti. Le Nazione Unite avevano imposto ingenti sanzioni. Rivolte, proteste, dimostrazioni avevano messo a dura prova il Paese di Madiba, diventato una paria internazionale.

Col passare dagli anni, egli divenne il simbolo della lotta per la democrazia. Il Primo Ministro cercò segretamente di trattare con il leader, offrendogli la libertà a condizione che abbandonasse le sue rivendicazioni democratiche ed egualitarie. Madiba rifiutò. Scrisse una lettera che trasudava disprezzo:

"Non posso e mai verrò meno al mio impegno, finché io, voi, il popolo saremo liberi. La mia libertà e la vostra non possono essere distinte! Io ritornerò!"

Il primo ministro fu costretto a dimettersi in quanto incapace di mantenere l'ordine e la legalità della nazione. Il successore abolì il divieto contro il Congresso Nazionale dei Nativi e altri partiti liberali. Il nuovo primo ministro rilasciò i prigionieri politici, tra cui Madiba nel 1990.

"Quando misi piede fuori dalla porta, verso l'inferriata che mi avrebbe condotto alla libertà, realizzai che se non mi fossi lasciato l'odio e il rancore alle spalle, sarei rimasto ancora in prigione," scrisse Madiba

Egli stava lottando per un'importante causa. Voleva costruire una società libera e pacifica. Non portava rancore nel suo cuore. Desiderava perdonare i carcerieri e coloro che gli avevano provocato tanta sofferenza. Il suo radiante sorriso aveva il potere di sciogliere persino i nemici.

Se ancora non sei riuscito a svelare il mistero sull'identità di Madiba, sarò io a farlo: era nientemeno che il leggendario Nelson Mandela. Egli era chiamato affettuosamente Madiba. Il suo paese era il Sudafrica e il partito per cui lavorava il Congresso Nazionale Africano a cui arbitrariamente riferisco nella narrazione come "Congresso Nazionale dei Nativi". Mi perdonino i leali storici per essermi preso la libertà verso la "sacra" storia della lotta contro l'apartheid.

Le autorità proibirono la diffusione e pubblicazione degli scritti di Mandela. Quando, finalmente, uscì di prigione, nel febbraio 1990, gran parte dell'umanità non era a conoscenza del suo aspetto fisico (elemento che conferì maggiore spettacolarità al suo rilascio). Una trasmissione della BBC esultava:

"E ora, Mandela attraversa il cancello. È un uomo libero da adesso. Sorride, alza i pugni al cielo in segno di vittoria. È un uomo vigile, imponente, capelli lisci e brizzolati, raggiante al suo fianco Winnie Mandela."

Dalla prigione, Nelson Mandela si diresse direttamente a Città del Capo dove fu acclamato da cinquantamila anime in delirio.

Nel suo discorso di accettazione del Premio Nobel per la Pace nel 1993, Nelson Mandela si rifece ad un precedente beneficiario del premio:

Non voglio essere presuntuoso se aggiungo anche, tra i nostri predecessori, il nome di un altro eccezionale vincitore, il defunto reverendo Martin Luther King Jr.

Anche lui lottò e morì per dare un contributo alla soluzione delle stesse grandi questioni che noi abbiamo dovuto affrontare come cittadini del Sudafrica [...]noi dedichiamo ciò che resta delle nostre vite per usare l'esperienza unica e dolorosa del nostro paese come prova che la normale condizione per un uomo è la democrazia, la giustizia, la pace, l'assenza di razzismo, l'assenza di sessismo, la prosperità per tutti, un ambiente salutare e l'uguaglianza e la solidarietà tra le persone.

Nel 1994, entrò nella storia come il primo presidente nero del Sudafrica. Promise di portare a termine un solo mandato e fedele alla sua promessa si ritirò nel 1999 dall'incarico di presidente. Continuò a lavorare nella "Nelson Mandela Children's Fund" (Fondazione per l'infanzia Nelson Mandela) che instituì nel 1995, inoltre fondò la "Nelson Mandela Foundation e The Mandela Rhodes Foundation".

Nel 2005, Mandela tenne un memorabile discorso a Londra:

"Mai, mai e poi mai questa bellissima terra vivrà l'oppressione per mano di altri e soffrirà l'oltraggio di essere la carogna del mondo. Il sole non tramonterà su una così gloriosa conquista umana. Regni la libertà, Dio benedica l'Africa."

Mandela morì nella sua casa di Johannesburg nel dicembre 2013. Il mondo intero ha pianto la sua scomparsa. Tutti ricordavano il suo impegno e i suoi sacrifici. Egli mostrò all'umanità l'importanza del perdono. Non portava rancore, non chiedeva vendetta, non cercava la gloria.

Egli è ricordato come un uomo dalla grande dignità, un uomo che regalava radianti sorrisi e con un forte umorismo. Mandela è stato commemorato come uno straordinario visionario in grado di vedere una luce attraverso il tunnel dell'odierna sofferenza e dolore. Convinse il mondo che un giorno il bene avrebbe trionfato sul male, tentando di tirare fuori la parte migliore del proprio nemico, attraverso il perdono, la riconciliazione. Non era un uomo perfetto e riconoscendo le sue imperfezioni divenne migliore.

Nutrimento per l'intelletto

Nelson Mandela, è stato uno dei più grandi leader della storia, non vi è alcun dubbio. Ma era anche un introverso. Nella sua celebre biografia, *Lungo cammino verso la libertà*, egli stesso si riconosceva come un introverso. L'introversione era il suo "handicap?

Al contrario! Diversi psicologi ritengono che sia stata proprio l'introversione a fare di Mandela un grande leader. Il suo biografo, Anthony Sampson, credeva che Mandela mancasse di "solennità politica" nei primi anni di carriera, senza rendersi conto dell'"acciaio che celava all'interno di sé". Egli sapeva di non essere portato per il "pugno di ferro", ma compensava il suo limite con diligenza e disciplina. Questa è la forza della pacatezza. Non c'è da meravigliarsi se introversi, come Mandela, siano stati magnifici leader. Gli introversi sono più perspicaci riguardo le loro debolezze e tendono a compensarle per mezzo di un'intensa preparazione e pratica.

Mandela era inizialmente troppo timido per partecipare agli eventi pubblici tenuti dal Congresso Nazionale Africano. Tuttavia, invece di costituire un handicap, la timidezza e il potere dell'osservazione, lo aiutarono a comprendere delle ampie problematiche, a valutare dibattiti e a giudicare il calibro dei colleghi. Tutti questi fattori contribuirono a rendere Mandela un autentico leader.

È stato constatato che i leader introversi abbiano investito tanto nello sviluppo dell'autoconsapevolezza. Il fautore della lotta contro l'apartheid era umile e tollerante. Quando divenne presidente di uno dei Paesi più caustici e poveri non puntava il dito contro gli eventuali colpevoli del malessere generale. La sua attitudine era estremamente inconsueta se, comparata all'egocentrismo, aggressività, arrivismo, mancanza di empatia e abilità di scaricare la colpa sull'altro predominante nella leadership.

Il Presidente africano, conferiva un grande valore e rispetto all'opinione altrui, egli riteneva scorretto voler imporre le proprie idee e giudicare l'altro. Egli stesso affermò:

"*È' meglio condurre da dietro e mettere gli altri davanti, soprattutto quando si celebra la vittoria e quando accadono cose belle. Si scende in prima linea quando c'è il pericolo. Poi la gente apprezzerà la vostra leadership.*"

—**Nelson Mandela**

Capitolo settimo: L'insegnante che fermò Alessandro Magno ed edificò un glorioso impero

Nel 300 a.C., circa duemilatrecento anni fa, in una famiglia di bramini, a Patilaputra (la famosa capitale dell'impero Magadha nell'India Orientale) venne alla luce un bambino. La leggenda narra che già dalla nascita l'infante possedeva tutti e trentadue denti. Gli fu dato il nome di Vishnugupta, in onore del dio Vishnu, una delle Trinità nel Pantheon Hindu, in segno di ammirazione.

In tempi remoti, in India i bramini erano destinati ad insegnare o a celebrare riti religiosi ma non a regnare e la paura che il pargolo bramino potesse salire al trono, fece sì che gli venissero, povero fanciullo, estratti alcuni denti. In seguito fu mandato a Takhshashila, distante duemilacinquecento chilometri.

Pataliputra era governata dall'imperatore Dhananada. Quest'ultimo era crudele, avido ed il suo unico scopo era quello di riempire la sua Camera del tesoro. Aveva imposto tasse su ogni cosa, pellame, legno, persino sulle pietre! Il suo popolo diventava sempre più povero e le sue tasche sempre più piene.

Il padre di Vishnugupta, un rispettabile insegnante e sacerdote, decise di dare voce al dissenso contro le politiche imperiali. L'imperatore reagì facendolo arrestare e torturare brutalmente fino alla morte nella prigione. In India, a quei tempi, uccidere un bramino era considerato un peccato mortale, un accesso sicuro all'inferno ma neanche il timore di ardere negli inferi impedì al sovrano di giustiziare, per poter incutere ancora più terrore alla popolazione, il padre di Vishnugupta.

Profondamente turbato, Vishnugupta, come previsto partì per la città a Nord Ovest dell'India Takshashila (Taxila, nell'odierno Pakistan), dove completò i suoi studi e ottenne un incarico da insegnante. Takshashila era una rinomata università indiana nel 300 a.C., pari ad Oxford e Cambridge millecinquecento anni dopo nell'Inghilterra Medievale. Principi da tutti i paesi limitrofi giungevano a Takashashila per apprendere l'arte della guerra e del governo. Vishnugupta insegnava politica, economia ed era estremamente ammirato dai suoi studenti.

In quel periodo, l'India stava affrontando un'altra seria minaccia proveniente dall'Occidente: Alessandro Magno aveva sconfitto i persiani e bramava la conquista del Paese. Takshashila era colma di rifugiati scappati dall'offensiva. Le testimonianze di morte, roghi, rapimenti narrate dalle stesse vittime erano struggenti.

Una notte, Vishnugupta sognò il suo popolo ridotto a schiavitù e miseria sotto il dominio straniero. Profondamente scosso, mise sul piatto della bilancia le possibili soluzioni per evitare che tale tragedia si avverasse. L'India era divisa in piccoli regni, governati da diversi principi e re, ma nessuno di essi pareva in grado di difendere il Paese dall'invasione greca. Solamente un'India unita sotto il commando di un *Rajrishi* o un "Re

Sacro" avrebbe potuto proteggere il popolo dalle minacce interne ed esterne.

Dalle memorie di Vishnugupta:

" È tempo di lasciare l'università: bisogna spodestare i sovrani del Paese e rafforzarci politicamente ed economicamente. È mio primario dovere salvare la nazione dagli invasori stranieri"

L'unico impero abbastanza forte da poter contrastare Alessandro Magno era la dinastia regnante a Pataliputra. Dhanananda era il sovrano più potente in India, colui che aveva comandato l'assassinio del padre di Vishnugupta. Per l'interesse della nazione, tuttavia, Vishnugupta decise di trasferirsi nel suo paese natale per cercare di persuadere il re. Egli desiderava, inoltre, incontrare la madre che non vedeva da anni.

L'imperatore aveva istituito un consiglio di esperti, studiosi e figure influenti di Pataliputra. Non sarebbe stato difficile per Vishnugupta, eminente professore dell'Università di Takshashila, farsi selezionare come membro del Consiglio.

Vishnugupta era un uomo brillante e schietto. Certo non era molto attraente, in senso classico; era di carnagione scura (inusuale per un bramino) che si colorì ulteriormente durante il suo viaggio da Takshashila sotto il sole cocente. Si racconta che quando il sovrano, avvolto nei fumi dell'alcool, lo incontrò per la prima volta rimase disgustato nel vedere l'"orrenda faccia" del professore. La lingua acerba e l'estrema sicurezza della sua analisi delle questioni politiche di quest'ultimo non avevano apportato nessun miglioramento nel loro rapporto: lo screzio tra il re e Vishnugupta aumentava di giorno in giorno.

Vishnugupta, da puro introverso quale era, non riusciva ad elogiare l'imperatore. Egli argomentava in maniera onesta e diretta, senza lasciare alcuno spazio a considerazioni irrilevanti o emotive. Il sovrano non era avvezzo a questo tipo di conversazioni. Inoltre, la minaccia incombente di Alessandro Magno di certo non gli faceva perdere il sonno.

Un giorno, sua altezza reale, in preda all'ira ordinò ai soldati di scacciare il bramino dal palazzo. Le guardie lo trascinarono afferrandolo per la sua *shikha* (treccia), il singolo ciuffo di capelli intrecciati che i monaci dell'India, Cina e Giappone mantengono dopo essersi rasati, per uso sportivo. Aveva la *shikha* completamente disfatta, Vishnugupta, quando si trovò nel polveroso terreno al di fuori della corte.

Profondamente umiliato, egli promise vendetta:

"Pensi che nessuno ti possa contestare? Mi hai rimosso dalla posizione che mi spettava di diritto, io farò lo stesso con te, ti spodesterò! Fino ad allora, io non intreccerò la mia *shikha*," dichiarò il bramino.

Per un umile professore, il compito di trovare un imperatore che potesse unificare l'India e difenderla dagli invasori stranieri, era molto più ambizioso della vendetta personale, anche se il suo sogno appariva, ormai, come una battaglia persa in partenza. Bisognava trovare un re che considerasse la felicità del popolo come se fosse la propria. Un sovrano mosso da ideali che non si lasci travolgere dalle tentazioni della lussuria, cupidigia, rabbia, orgoglio e arroganza. Un intellettuale che sappia continuamente apprendere. Un uomo inflessibile capace di evitare le cattive influenze e si circondi di consiglieri saggi e onesti. In altre parole, il bramino era alla procura di un "Re Sacro".

Sembrava un'utopia. Sarebbe mai stato in grado, il bramino, di incontrare un "Re Sacro"? Sarebbe riuscito nell'impresa di rimpiazzare quel potente, ma crudele, imperatore il cui regno si estendeva per tutta l'India e il cui esercito annoverava migliaia di soldati, cavalleria ed elefanti? Chiunque avrebbe lucidamente giudicato la gesta impossibile.

Perso nei meandri dei suoi pensieri, Vishnugupta passeggiava nelle strade di Pataliputra quando improvvisamente s'imbatté in un gruppo di ragazzi che giocavano al "Re e sudditi". Un ragazzo fingeva di essere il re mentre gli altri recitavano il ruolo dei sudditi. Il "re" seduto sul trono (una pietra), prestava attenzione alle dispute dei compagni e infine decretò il suo verdetto. Il giovane dal viso radioso, alzò la voce contro le pratiche corrotte dei sovrani e dei suoi ministri: la sua intelligenza e saggezza colpirono Vishnugupta, il ragazzo mostrava tutte le qualità per poter essere un "Re Sacro".

Mentre si dirigeva a passo svelto verso il presunto re, Vishnugupta inciampò in un filo d'erba tagliente dalle radici talmente profonde da rendere difficile l'estrazione; sedette, calmò i suoi nervi e tentò di riflettere razionalmente. Intanto il ragazzo osservava divertito il bramino. Vishnugupta tirò fuori dello zucchero da una borsa di tela, lo mescolò con l'acqua e rovesciò lo sciroppo sull'erba. Improvvisamente, dal nulla, apparve un'armata di formiche che prese a mangiucchiare l'erba ricoperta dal liquido distruggendo l'ostacolo. Il giovane non riuscì a trattenere la curiosità.

"Rispettabile bramino, quella era della semplice erba. Perché l'ha distrutta completamente?" domandò il ragazzo.

"Era malvagia e mi ha fatto del male senza alcun motivo. Ogni cosa maligna, sebbene piccola, deve essere distrutta. È dovere di ognuno agire in tal modo. Io, se fosse malvagio, farei fuori anche un re", spiegò Vishnugupta.

Il giovane colpito dallo strano sapiente si diresse verso di lui. Vishnugupta interrogò il ragazzo riguardo la sua vita, quella della famiglia e volle conoscere le sue preoccupazioni.

Egli rispose, "Signore, il mio nome è Chandragupta. Ma per quale motivo dovrei seccarla con i miei problemi?"

Vishnugupta rassicurò il giovane dicendogli che avrebbe potuto parlare delle sue afflizioni senza alcuna esitazione ed egli stesso avrebbe cercato una soluzione ad essi, se fosse stato possibile.

Chandragupta raccontò che era figlio di una donna chiamata Mura, il padre era stato brutalmente ucciso dai soldati dell'imperatore ed agli agognava vendetta. Vishnugupta realizzò che entrambi avevano molto in comune e avrebbero, perciò, potuto collaborare per annientare il terribile sovrano.

Vishnugupta era estremamente fiducioso, Chandragupta possedeva le qualità per poter diventare un re giusto. Tuttavia, i tempi non erano ancora maturi. Bisognava prima educare il ragazzo in tutte le discipline, incluse l'arte della guerra e del buon governo. Doveva essere preparato fisicamente e intellettualmente. Chandragupta si rivelò uno studente entusiasta, dopo sette anni di disciplina divenne un soldato maturo ed un onorabile intellettuale.

L'India Nord Occidentale continuava a fronteggiare la minaccia greca. Vishnugupta trascorse anni ed anni a studiare le strategie e vulnerabilità di Alessandro. Era giunto il momento di mettere in pratica le sue teorie. Poco tempo dopo, arrivò la notizia che due dei migliori comandanti del Grande erano stati assassinati. Si vociferava che Chandragupta (chiamato Sandrokotus dagli storici) fosse responsabile della loro morte.

In seguito ad una serie di cattivi presagi, come la bandiera greca ridotta in cenere e la dissacrazione dei loro simboli religiosi, i soldati greci rifiutarono di avventurarsi verso l'India intimoriti da questi male auguranti episodi. Alessandro, amareggiato, decise di fare marcia indietro e morire a Babilonia. Si narra che gli ufficiali lasciati indietro da Alessandro per sorvegliare gli stati conquistati fossero stati uccisi o scacciati uno ad uno dall'esercito di Chandragupta. I greci non riuscirono mai più a governare il territorio ad Est dell'Indo.

Oltre alla dominazione greca, una parte dell'India Nord Occidentale era governata da Ambhi, un tiranno locale. Vishnugupta pianificò la cacciata dell'impopolare Ambhi. Egli e Chandragupta si impegnarono a radunare coloro che non tolleravano più la tirannia di Ambhi: contadini, soldati, anche dei regni limitrofi. Prese vita una ribellione di massa e presto

Ambhi fu detronizzato. Chandragupta acquisì la regione e la adottò come base espansionistica.

Forti dell'appoggio di gran parte del Paese, Vishnugupta e Chandragupta dedicarono tutte le loro energie alla distruzione di Dhanananda. I due tentarono di lanciare una seria di offensive, fallite tutte miseramente.

Una volta Vishnugupta vide una madre rimproverare il figlio per essersi bruciato le dita mentre cercava di mangiare dalla parte centrale del piatto piuttosto che dalle estremità ed improvvisamente il bramino realizzò il suo errore: invece che iniziare dai margini dell'impero, aveva attaccato il cuore della capitale.

Vishnugupta e Chandragupta applicarono una nuova strategia e invasero tutti i piccoli territori circostanti. Dopo anni di guerra e sangue versato, riuscirono a spodestare il sovrano. Dhanananda fu ucciso in battaglia e Chandragupta incoronato re. L'India poteva finalmente acclamare il suo "Re Sacro".

Avrai sicuramente indovinato chi sia, Vishnugupta, nella storia. Mi riferisco certamente a Chanakya, figlio di Chanak, proclamato leggendario guida del re. Egli fu personalmente responsabile della formazione e del fato dei tre grandi re: Chandragupta Maurya, suo figlio Bindusara, e suo nipote Ashoka. Durante il suo governo, la capitale rimase a Pataliputra (l'odierna Patna in Bihar) e l'impero Maurya si estese fino a Kabul. Quando una numerosa armata condotta da uno dei generali più abili di Alessandro Magno, Seleucus Nikaetar, osò attaccare i Maurya, fu una sconfitta talmente cruda per i greci e per Seleucus che dovette arrendersi e dare sua figlia Helena in sposa a Chandragupta per acquistare la pace. Seleucus, inoltre, collocò il suo ambasciatore al Megasthenes nella corte di Chandragupta, il diplomatico durante la sua permanenza scrisse *Indica* un tesoro d'informazioni riguardo l'India al tempo.

Chanakya scrisse un'opera, formata da quindici libri conosciuti come *Arthaśāstra*, un trattato sull'arte del governo, economia politica e strategia militare. Roger Boesche definisce *Arthaśāstra* "un libro sul realismo politico, un'analisi sulla funzione delle parole in politica [...] un libro che svela le mosse e le misure, talvolta brutali, a cui un sovrano dovrebbe attenersi per preservare lo stato e per il bene comune." *Arthaśāstra* è stato più volte comparato al *Principe* di Macchiavelli, a causa dell'arido pragmatismo politico.

Chanakya era anche conosciuto con l'appellativo di Kautilya, il maestro dell'intrigo. In *Arthaśāstra*, egli tratta apertamente dell'uso della violenza giustificata, nel libro si possono trovare tutte le risposte ai seguenti quesiti. Quando uccidere un nemico può essere un tornaconto? Come usare gli agenti segreti? Quando è necessario sacrificare i propri agenti segreti? Come un sovrano può usufruire di donne e bambini per spiare o persino uccidere? Quando una nazione dovrebbe violare un trattato e invadere i paesi vicini? Per quale condizione un re deve spiare la propria gente? Come dovrebbe testare i suoi ministri, i membri familiari per comprendere se meritevoli di fiducia? Quando un re dovrebbe uccidere un principe, suo stesso figlio ed erede al trono? Come proteggere il re dall'avvelenamento? Quali precauzione dovrebbe prendere un re per non essere assassinato dalla propria consorte? Quando è appropriato arrestare un sospettato? Quando la tortura è giustificata? Ad un certo punto, ogni lettore si domanderà: non vi è nessuna domanda che Chanakya trovi immorale o terribile per essere scritta in un libro? No, nessuna. Questa è la ragione per cui Chanakya è stato il primo grande, spietato realista politico.

Chanakya raccomandò sette strategie da mettere in pratica nelle relazioni con le potenze confinanti:

Sāma – Pacificazione, patto di non aggressione

Dāna –Il dono, la corruzione

Bheda – La divisione, lo scindere, la separazione delle forze opposte

Daṇḍa – La forza, la punizione

Māyā – L'illusione, l'inganno

Upekṣā – Ignorare il nemico

Indrajāla – Simulare forza militare

La diplomazia contemporanea potrebbe apportare miglioramenti a queste strategie? Una persona pacata potrebbe ricorrere ad esse per contrastare opponenti, intrighi, bulli, sabotatori, presenti in ogni ambito della vita?

Chanakya avrebbe sicuramente assentito. Non c'è da meravigliarsi, il trattato è tenuto in considerazione anche al giorno d'oggi.

L'odierna India ha onorato l'eredità lasciata da Chanakya nominando l'enclave diplomatica di Nuova Delhi, sito di tutte le ambasciate, Chanakyapuri o la città di Chanakya. Anche una rinomata, via Kautilya Marg, è dedicata allo studioso.

Nutrimento per l'intelletto

Lo sapevi che l'autocontrollo degli introversi è maggiore rispetto alla loro controparte? È, perciò, meno probabile che gli introversi comandino per mezzo del potere, denaro e fama ma lo facciano per passione o dovere morale. È stato osservato che queste personalità siano particolarmente abili a regolare le loro emozioni e desideri, ciò sposa esattamente il concetto di "Re Sacro" espresso da Chanakya.

Un sovrano o leader deve tenere sotto controllo le pulsioni e non soccombere alla lussuria, ira, cupidigia, orgoglio ed arroganza. Mantenere il controllo di sé è naturale per gli introversi.

Essere un personaggio affermato richiede, inoltre, un costante apprendimento. Gli introversi sono autodidatti. Il nostro cervello gongola quando impariamo cose nuove, è un'abilita innata delle persone riservate.

L'unica sfida a cui gli introversi devono far fronte è circondarsi delle persone giuste, tuttavia grazie al loro sviluppato senso dell'intuizione l'impresa non frutterà di certo cattivi risultati. Prendiamo d'esempio Chanakya: egli all'istante percepì, nel ragazzo che recitava la parte del re, un potenziale sovrano nella vita reale.

Forse la tua sfida non sarà, rimpiazzare un tiranno conducendo un esercito di migliaia di soldati ed elefanti, ma è importante mettercela tutta per imparare dai propri sbagli. Chanakya ne ha commessi tanti prima di raggiungere l'obiettivo, ma è riuscito a comprendere e si è corretto.

In tal caso Chanakya suggerirebbe, "Risveglia il Re Sacro dentro di te".

Gli introversi saranno, probabilmente, derisi perché riflettono a lungo o analizzano i fatti in profondità, ma Chanakya incoraggia ad agire in tal modo. Le parole scritte dal maestro nel III secolo a.C. sono adatte e applicabili anche all'epoca contemporanea:

"Prima di intraprendere una strada bisogna sempre porsi tre domande- Perché lo faccio, quali potranno essere i risultati, avrò successo? Solo dopo aver riflettuto in profondità e trovato una risposta soddisfacente potrai proseguire."

—Chanakya

Capitolo ottavo: L'umile leader che rinunciò alla corona

Proveniente da una famiglia di contadini mediamente agiata del XVIII secolo, epoca dell'Imperialismo, George, non proseguì, a livello accademico oltre l'educazione di base. Un talento particolare per i numeri, mostrato sin da bambino, gli garantì un lavoro da agrimensore già all'età di sedici anni.

Fu la mamma, Mary, donna delicata e tenace, a provvedere all'educazione del figlio, appena undicenne. Il ragazzino riteneva sua madre: "la donna più bella del mondo". Egli attribuì tutti i suoi successi alla formazione morale, intellettuale e fisica impartitagli dalla donna.

Sin dall'infanzia, George credeva fermamente nella necessità di prendersi la responsabilità delle proprie azioni. Aveva un temperamento fiero, ma sempre equilibrato e disciplinato dal proprio autocontrollo. Qualunque compito gli venisse assegnato si impegnava a portarlo a termine, non curandosi degli ostacoli e si aspettava che gli altri facessero lo stesso.

Un'altra strana caratteristica di George, era l'incapacità di raccontare menzogne. "È meglio non offrire delle scuse se queste sono pessime" dichiarò una volta. Egli riteneva che il 99% dei fallimenti umani fossero dovuti all'abitudine d'inventare scuse.

George amava lavorare in solitudine, pari ad ogni introverso, affermava che stare soli è preferibile alla cattiva compagnia. Era, inoltre, tremendamente modesto da dichiarare di essere alto un metro e ottanta sebbene in realtà misurasse dieci centimetri in più.

La commedia, verso la quale nutriva un forte interesse, ebbe una forte influenza nella formazione del suo carattere. Una, tra le sue preferite, narrava dell'Imperatore romano Cincinnato, costretto ad abbandonare i campi (inizialmente svolgeva il lavoro di agricoltore) per guidare un'armata contro i Sabini, Equi e Volsci. In seguito al salvataggio di Roma, il Senato Romano gli offrì la carica di continuare come "Dittatore", ma declinò l'offerta e tornò ai campi.

Lo colpì estremamente anche un'altra commedia *Patriot King* (Re Patriota), scritta dall'autore inglese Bolingbroke, dove il protagonista principale, il re, aveva come unico desiderio il benessere del suo popolo. Un altro personaggio ispirò George: Cato, romano virtuoso protagonista della tragedia *Cato* di Addison. Egli amava talmente tanto assistere agli spettacoli, da calarsi nelle parti dei personaggi eroici e da conoscere a memoria alcuni estratti delle opere.

George fu costretto a prendere le armi e da "Comandante Supremo" guidare il suo esercito per espellere gli imperialisti dal Paese. La vittoria non era facile, egli dovette servire la Rivoluzione per otto anni e mezzo senza alcuna retribuzione. Talvolta per tirare su il morale dei suoi uomini li remunerava di tasca propria.

George visse personalmente la morte e la mutilazione di numerosi camerati e al contempo dovette subire perdite finanziare che la sua lunga assenza dalla tenuta di famiglia aveva causato.

Il fatto che egli partecipasse alla Rivoluzione senza alcun torna conto personale, ma solamente per liberare il Paese dagli invasori stranieri, era una prova tangibile della morale incorruttibile dell'uomo di campagna.

In seguito alla sconfitta delle potenze colonialiste, la nazione desiderava nominare George re, in segno di gratitudine. Tuttavia, pari all'Imperatore romano Cincinnato, egli rifiutò e tornò alla vita da agricoltore. La sua condotta portò molte personalità ad affermare:

"Egli è stato uno dei rari personaggi, nell'intero corso della storia, a non farsi travolgere dal potere".

George aveva una visione e dei progetti per la sua nazione post-colonialista. Nonostante la sua modesta formazione, egli credeva fermamente nel potere della conoscenza come mezzo per assicurare il benessere pubblico. Dava, inoltre, immenso valore alla libertà:

"Se verremo privati della libertà di parola, allora, muti e silenziosi, potremo essere condotti come pecore al macello" dichiarò.

Era convinto che la religione non avrebbe creato le basi per una nuova nazione. Auspicava ad una forte unione, ad un governo scelto dal popolo, una costituzione scritta (a differenza degli inglesi), alla legalità, ad un esecutivo volto a rendere effettive le leggi, ad un esercito guidato da un governo di civili. Solo una nazione con queste caratteristiche avrebbe reso felici i compatrioti per molto tempo, anche dopo la scomparsa di George.

Le sue idee erano decisamente apprezzate dai connazionali, infatti gli fu richiesto di presiedere la Convenzione dove le disposizioni riguardanti la Costituzione sarebbero state discusse e ratificate. George, in silenzio, osservava gli altri delegati dibattere. Dell'uomo di campagna, dalla vecchia uniforme militare, sebbene partecipasse raramente alle discussioni tutti sapevano quali fossero le sue posizioni politiche. Egli apparteneva alla linea indipendentista, il suo ruolo era mantenere il decoro nell'assemblea quando l'atmosfera diventava troppo accesa. In privato, si schierò per una ratificazione lampo della Costituzione.

Nonostante la sua reticenza, George venne eletto primo presidente della nuova nazione. Aveva declinato di essere incoronato re in precedenza, ma non poteva impedire al suo popolo di battezzarlo "Padre della patria". George si sentiva come un condannato pronto alla ghigliottina, tanto era pesante l'incarico di dover dar forma alle nuove istituzioni nazionali.

Come primo leader del Paese, la prima mossa fu di assicurarsi la fiducia dei suoi connazionali. Egli esercitava scrupolosamente i suoi poteri, delineati nella Costituzione da lui personalmente istituita. George aveva, inoltre, richiesto il consenso della Legislatura per fissare appuntamenti al suo ufficio e eseguire trattative con i governi internazionali, ma non accettava colloqui solo sulla base del legame di amicizia o dello stato sociale di una persona. Grazie al suo innato intuito, era in grado di selezionare e incaricare i candidati migliori ad una funzione specifica.

George era visto dalla sua gente come un leader energetico, non solo una figura cerimoniale. Era un tipo pratico, chiedeva sempre il sostegno dei suoi subordinati e si prendeva la responsabilità per la loro condotta.

Il Presidente aveva dedicato gran parte del suo mandato alla realizzazione di un esercito al comando del governo democratico. Quando i suoi ufficiali, scontenti delle mancate retribuzioni, minacciarono di rovesciare il governo, George li affrontò prendendo sé stesso come esempio ricordando loro di aver servito la Rivoluzione per otto anni e mezzo senza ricevere alcuna retribuzione. La sua reputazione e la sua integrità erano talmente noti da riuscire a convincere i soldati che si sottomisero al regime democratico. Testimoni oculari riportano che George indicando i suoi occhi, disse: "Signori, mi permetterete di indossare i miei occhiali, servire il mio paese non mi ha solo invecchiato ma quasi accecato!"

Sicuramente avrete immaginato chi fosse George.

Sì, sto proprio parlando del grande George Washington, fu Comandante in Capo dell'Esercito Continentale, presidente della Convenzione Costituzionale, primo presidente degli Stati Uniti d'America e "Padre della Patria". Egli, dopo aver servito il Paese, per due mandati di quattro anni ciascuno, si ritirò nella sua tenuta di Mount Vernon. È sorprendente come le istituzioni e priorità stabilite in precedenza, incluso il limite di due mandati presidenziali, siano resistite dopo secoli dalla sua morte.

Nutrimento per l'intelletto

George Washington possedeva alcuni tratti classici degli introversi. Si dice che gli introversi siano motivati da un'intensa passione o da una causa a cui credono intensamente piuttosto che dal potere o dal denaro. Quando i leader introversi agiscono, lo fanno con un profondo senso di responsabilità e dedizione, quest'ultima è esemplificata dalla perseveranza di Washington nel lottare per ben otto anni e mezzo a favore della Rivoluzione senza ottenere alcun beneficio economico.

Tanti credono che un "leader pacato" non esista. Un leader, per definizione, invece, rappresenta eloquentemente le sue convinzioni e ideali per convincere l'altro. Si tende, tuttavia, a dimenticare che una persona pacata possa suscitare la fiducia dell'ascoltatore per mezzo della sua integrità. Costruire la fiducia richiede tempo, ma alla lunga gli individui sono portati a seguire una persona che promette e mantiene invece di una che con eloquenza promette tanto, ma non mantiene.

Nessuno aveva mai dubitato dell'integrità di Washington. Sebbene non si esponesse spesso al pubblico, era considerato incorruttibile e la figura giusta per guidare gli Stati Uniti d'America. Edmund Morgan, professore di storia a Yale, nel libro *The Genius of George Washington*, dichiara che Washington era una mente geniale nella comprensione e l'uso del potere, anche quando si trattava di abbandonare il potere, come dimostrano le sue dimissioni da Comandante in Capo dell'Esercito Americano e dalla politica nel 1783. Tutti i memorabili leader militari quali, Giulio Cesare nell'antica Roma, Oliver Cromwell in Inghilterra e Napoleone Bonaparte in Francia hanno trovato irresistibile la tentazione del potere politico. Sullo sfondo, la rinuncia del potere senza precedenti di George; quando rifiutò il terzo mandato presidenziale ricevette diversi apprezzamenti pubblici. Questa, tuttavia, è una storia comune a tutti gli introversi, fautori di azioni e non di chiacchiere.

Gli introversi sono spesso criticati per la loro tendenza di sognare ad occhi aperti. Ma per una grande visione bisogna essere dei sognatori. La chimera di Washington era cambiare la sua futura visione. Il Dott. Glenn A. Phelps, professore di scienze politiche all'Università del Nord Arizona, nel suo magistrale testo su George Washington scrive "le sue scritture rivelano una chiara, ponderata ed eccezionalmente coerente visione della repubblica che un giorno l'America sarebbe diventata". Egli credeva che un governo democratico laico retto da un forte esecutivo e dall'esercito avrebbe reso il suo popolo felice e sereno, George impiegò tutte le sue forze per realizzare questo sogno. Non era né uno scrittore raffinato, né un avvincente oratore, non si esprimeva molto negli incontri pubblici e mancava del carisma che molti dei suoi successori possedevano. Non era neanche molto affabile. Ma il suo ideale compensava tutte "le carenze caratteriali".

Tutti i leader introversi dovrebbero essere consapevoli del grande dono dell'immaginazione e della lungimiranza di cui sono naturalmente dotati e che spesso agli altri manca. Per ottenere il successo, i leader pacati devono pianificare i passi da compiere per concretizzare il sogno e prestare attenzione agli ostacoli che potrebbero allontanarli da esso.

Le persone riservate, come è stato già sottolineato in precedenza, sono estremamente intuitive e osservatrici e utilizzano questi poteri per scegliere la figura più adatta per un determinato incarico; George Washington ad esempio, selezionò come Segretario di Stato Thomas Jefferson, schierato dalla parte dei francesi, e Alexander Hamilton Segretario al Tesoro, pro Gran Bretagna. I due non riuscivano ad accordarsi su nessuna questione ma il ruolo di Washington era quello di calmare le acque quando la tempesta diventava troppo violenta. Era un ottimo politico, data la sua abilità nel saper conciliare punti di vista differenti.

Sebbene Washington non fosse un gigante intellettuale alla stregua di Benjamin Franklin, John Adams, o James Madison era leader indiscusso non per il suo intelletto, ma per la sua personalità. Tuttavia, non riscontrava nessuna difficoltà ad interagire con brillanti filosofi, pensatori, oratori quali Mason, Patrick Henry, Hamilton, Dickinson, i Randolph, i Lee, tutti personaggi che avevano ricevuto un'istruzione di livello più alto rispetto al presidente.

Da introverso quale sei, necessiti che le responsabilità e i ruoli vengano ben definiti e quest'ultime ti senti in dovere di trattarle come fossero personali. Nel caso di George Washington si assunse l'onere di regalare una Costituzione ai cittadini americani.

E nel tuo caso? Hai pensato di definire ruoli e responsabilità per far sì che la tua organizzazione fili liscia come l'olio?

In conclusione, ogni leader necessita del tempo per mettersi alla prova. Se qualcuno non confida nella tua "leadership pacata" prenditi del tempo e persisti.

"Perseveranza e spirito hanno fatto delle meraviglie in tutti i tempi".

— **George Washington (1732–1799)**

"Ora, oggi è il giorno in cui onoriamo, i Presidenti, partendo da George Washington, che non riusciva a dire bugie, a George Bush, che non riusciva a dire la verità, a Bill Clinton, che non riusciva a fare la differenza"

—**Jay Leno**

Capitolo nono: Mr. Light, il mansueto, si impadronì di super poteri e vinse

Anno 1910, il Vietnam era ancora una colonia francese. Un giovane vietnamita si trovò costretto ad abbandonare la scuola prima di potere ottenere il diploma, una storia ormai comune di quei tempi, a causa della povertà dilagante che affliggeva il paese. Esile, scheletrico, eburneo, così veniva descritto, il giovane tentò di insegnare in un istituto privato in un paesino di pescatori al Sud di Annam. L'avventura non diede i risultati sperati, e nel 1911, egli si iscrisse ad un Istituto per il Commercio, per apprendere il mestiere di aiuto-pasticcere. L'attività riguardante la creazione di "strane" pietanze non era popolare in Vietnam, ma molto richiesta in Europa, meta che ogni ambizioso vietnamita di "sana e robusta costituzione", in cerca di condizioni economiche migliori, desiderava raggiungere.

Dieci anni dopo, nel 1921, furono giorni estenuanti quando il giovane uomo decise di salpare, in cerca di lavoro, nelle cucine del Vecchio Continente. Nessuno poteva sapere che un piccolo, fragile giovane vietnamita avrebbe sfidato la storia e cambiato il destino della nazione.

Nessuno era a conoscenza del suo nome di battesimo. Il nome che aveva ufficialmente adottato era "fonte di luce" in vietnamita. Perciò, lo soprannominerò Mr.Light.

I francesi governavano il Vietnam con il pugno di ferro, sfruttavano gli sfortunati contadini nelle miniere e nelle piantagioni di caucciù. La malaria, mal nutrizione, dissenteria dominavano il Paese, prendendosi come pegno migliaia di vite.

Mr. Light era amareggiato nel vedere i suoi connazionali soffrire oltremisura. All'apparenza sembrava pacato, gentile, compassionevole e fragile, ma covava un ardente fuoco nel profondo del suo animo. Segretamente, cominciò a nutrire la speranza, agli occhi di altri impossibile, di liberare il suo popolo dalle catene.

Il padre di Mr. Light aveva osato criticare i francesi apertamente e perse il lavoro. Le conseguenze economiche per la sua famiglia furono terribili, il genitore fu costretto a lavorare alla giornata.

Ma Mr. Light era determinato a non commettere gli stessi errori del padre. Era stato abbastanza fortunato per aver ricevuto un'educazione elementare e adesso si lanciava alla scoperta di un nuovo mondo.

Mr. Light fu impiegato su un transatlantico, occupazione che gli consentì di visitare diversi luoghi in Africa, Inghilterra, Regno Unito e Stati Uniti prima di stabilirsi a Parigi. Ogni esperienza, positiva o negativa, l'interazione con i compagni bianchi lo portò a realizzare solamente una cosa: il suo scopo sarebbe stato servire. Mr. Light comprese che il Vietnam non era l'unisco paese ad essere soggiogato dai colonialisti, l'Africa, ad esempio, era afflitta dal dominio di altre nazioni.

In seguito a tante discussioni con i compagni, le sue convinzioni riguardo la supremazia dei bianchi crollarono. A suo avviso, i marinai e addetti alla cucina della Bretagna, Cornovaglia, Parigi, Isole Frisone erano illetterati e superstiziosi quanto gran parte dei coltivatori di riso vietnamiti.

Mr. Light era un insaziabile lettore, divorava Shakespeare, Tolstoj, Marx e Zola. Parlava fluentemente inglese, cinese, francese, tedesco e russo. Ammirava l'America e il modo in cui rivendicava la salvaguardia dei diritti e la libertà dei cittadini e trasse una profonda ispirazione da George Washington, il primo presidente americano. Allo stesso tempo, lo disgustava il capitalismo barbarico americano, gli assalti del Ku Klux Klan e il linciaggio dei neri.

In seguito all'esperienza dello sfruttamento dei lavoratori vietnamiti per mano francese, arrivò alla conclusione che "Il capitalismo necessita forza lavoro a basso costo. La ragione dello sfruttamento dei coloni è la produzione a basso costo. Sfruttando lavoratori stranieri i capitalisti stigmatizzano la rivoluzione in casa (sebbene possano permettersi di aumentare la paga dei loro operai)! Il capitalismo è il nemico dei coloni..."

Mr. Light collaborò con diverse associazioni impegnate a dare voce agli oppressi, ai colonizzati e alla classe operaia. Fondò, inoltre, una rivista che reclamava la fine del colonialismo francese, istituì dei gruppi rivoluzionari ed infine si dedicò alla preparazione militare. Egli trascorse quindici anni ad occuparsi della rivoluzione in Vietnam.

Allo scoppio della Seconda Guerra Mondiale, venti anni dopo, i giapponesi occuparono il Paese e i vietnamiti subirono ogni sorta di atrocità. Opporsi significava venire condannati alla decapitazione pubblica. Mr. Light colse i misfatti come una sfida e mise in piedi un esercito di diecimila guerriglieri per combattere i nipponici nelle giungle.

Le sue azioni erano ormai di dominio del mondo intero, si pensava fosse alleato degli Stati Uniti contro i giapponesi. Alcuni anni dopo, i nemici si arresero e le forze della guerriglia presero possesso di Hanoi. L'imperatore fantoccio giapponese, Bao Dai, abdicò e le forze alleate proposero a Mr. Light di formare il governo.

Nel 1945, Mr. Light dichiarò l'indipendenza della "Repubblica Democratica del Vietnam". Egli desiderava plasmare la nuova nazione secondo il modello americano, che apprezzava per i suoi valori democratici e libertari. Tentò di reperire una copia della Dichiarazione d'Indipendenza Americana, che ricordava di aver letto ma non rammentava le parole esatte, dalla missione militare americana; infine decise, tuttavia, di parafrasare la dichiarazione d'indipendenza del Vietnam in base alle sue reminiscenze:

"Tutti gli uomini sono creati uguali. Essi sono dotati dal loro Creatore di certi diritti inalienabili, fra questi vi è la Vita, la Libertà e la ricerca della Felicità"

Mr. Light conservò la sua passione per i viaggi, regolarmente visitava i villaggi. Adorava parlare con gli studenti e condividere i propri pensieri. La sua preoccupazione primaria era il suo popolo, che spesso si rivolgeva a lui appellandolo "Zio".

Non passò molto tempo, l'atmosfera idilliaca mutò. I sogni di Mr. Light vennero infranti quando, attraverso un passo inaudito, gli Stati Uniti e la Gran Bretagna accordarono alla Francia il permesso di invadere nuovamente il Vietnam. Mr. Light tentò di aprire un dialogo con l'America ma i tentativi vennero ignorati. Cercò persino di negoziare un trattato di pace con la Francia senza alcun risultato.

Anche se tremendamente furioso, egli non perse la speranza. Per mezzo delle sue maniere dure, ma pacate, ricostituì il gruppo di guerriglia deciso a mandare via le potenze francesi, una volta per tutte, dal suo amato Paese.

L'impresa poteva sembrare un salto nel vuoto. Durante l'estenuante e interminabile conflitto, Mr. Light e i compagni dovettero nascondersi all'interno di grotte e sulle montagne per aggirare le pattuglie francesi, questi ultimi soffrivano la fame o si ammalavano di malaria o dissenteria. Trascorsero sette anni, quando nel 1954 attraverso una formidabile strategia militare, Mr. Light radunò quarantamila combattenti armati di cannoni sulle colline, difficilmente raggiungibili se non attraverso la giungla e bombardarono i francesi nella valle sottostante a Dien Bien Phu. Nessuna potenza coloniale era stata sconfitta così vergognosamente prima di allora.

La resa docile dei franchi venne di conseguenza, ma la loro estromissione allarmò gli americani che vedevano comunisti sotto ogni letto. Gli Stati Uniti si lanciarono nella mischia e stabilirono una missione militare a Saigon. Dal 1964, migliaia di truppe americane si infiltrarono nel Sud Vietnam per dividere il paese in due, combattere contro i Vietcong guidati da Mr. Light e bombardare il Nord Vietnam.

Il leale supporto americano alla Francia lasciò Mr. Light sbigottito. L'America, per lui, era sinonimo di libertà. Un paese che aveva guadagnato l'indipendenza dopo aver condotto una rivoluzione contro i colonialisti stava paradossalmente lottando per sopprimere la libertà ai coloni.

Un giorno, dichiarò a Mr. Ashmore, editore dell'*Arkansas Gazette*:

"Pensavo di conoscere gli americani... non riesco a capire come possano supportare questa Guerra. **È proprio la Statua della Libertà ad erigersi sulle loro teste??**"

Amareggiato dalla posizione presa dagli Stati Uniti, Mr. Light ancora nutriva l'irremovibile convinzione di riuscire ad avere la meglio sugli invasori. Un tempo disse ad un visitatore francese:

"Abbiamo impiegato otto duri anni per sconfiggere voi francesi che conoscevate il territorio e mantenevate alcune vecchie amicizie qui. Ora il regime Sudvietnamita è bene armato e appoggiato dagli Stati Uniti. [...] Gli americani sono più forti dei francesi, sebbene ci conoscano meno. Forse la vittoria arriverà fra dieci anni, ma i nostri eroici compatrioti nel Sud alla fine li sconfiggeranno."

La Guerra in Vietnam ancora si protrasse fino al 1967 ma Mr. Light era fiducioso. Egli dichiarò:

"Abbiamo combattuto per la nostra indipendenza per più di venticinque anni, ovviamente amiamo la pace, ma non cederemo mai la nostra libertà per acquistare la pace con gli Stati Uniti o qualunque altro paese. Non ci sono altre soluzioni. Neanche le vostre armi nucleari ci forzeranno alla resa dopo un'estenuante, violenta, interminabile lotta per l'indipendenza del nostro paese."

Gli americani continuarono a bombardare senza sosta. Nel 1965 lanciarono l'"*Operazione Rolling Thunder*" durante la quale bombardarono incessantemente il Nord Vietnam per tre anni.

La potenza nemica usufruì delle menti più brillanti per escogitare strategie di ultima leva, reclutava compulsivamente giovani americani per una guerra atroce, che avrebbe marchiato di cicatrici il cuore di generazioni di statunitensi dotati di un minimo di coscienza, per l'eternità. Ogni nuovo armamento veniva sperimentato sui vietnamiti: bombe contenenti il mortale, oggi proibito, *Agent Orange* (Agente Arancio) atto a denudare gli alberi nelle foreste dove si nascondevano gli uomini di Mr. Light. Quando non rimaneva più alcun luogo dove rifugiarsi, i vietnamiti, senza demordere, crearono elaborati tunnel sotterranei e proseguirono la lotta.

A partire dal 1966, i veterani di guerra si fecero portavoce delle proteste contro la Guerra in Vietnam nel continente americano. Nel 1967 Martin Luther King definì gli USA " il più grande generatore di guerra in tutto il mondo" incoraggiando pubblicamente la disertazione ed una fusione tra gruppi anti-guerra e quelli a favore dei diritti civili.

La Russia e la Cina, acerrimi nemici, appoggiarono Mr. Light per fronteggiare il comune nemico americano. Gli anni si facevano sentire per Mr. Light che si spense, per arresto cardiaco nella sua casa di Hanoi, il 2 settembre all'età di settantanove anni.

Gli americani non erano stati completamente espulsi dal Vietnam, ma la loro ora non era lontana. Mr. Light aveva scatenato delle forze inarrestabili, dopo quattro anni, nel 1973, si liberano anche delle ultime truppe americane rimaste nel Paese.

Mr. Light veniva spesso presentato come il George Washington vietnamita. Egli era una figura fragile e minuta, dagli occhi luccicanti e un pizzetto e guance infossate che conferivano austerità al suo volto. Era stato denigrato fortemente dai media occidentali, i quali sostenevano che il leader vietnamita nutrisse un astio sedimentato verso la cultura occidentale, la sua gente e il loro tenore di vita. Ma si sbagliavano.

Un giornalista americano un giorno lo descrisse "raffinato, sofisticato dai modi gentili e senza livore incondizionato". Aldilà degli Stati Uniti, Mr. Light ottenne una vasta risonanza internazionale. Jawaharlal Nehru, primo ministro indiano lo definì "gradevole e amichevole."

Un orientalista francese lo dipinse come "un rivoluzionario intransigente e incorruttibile, a la Saint Just." Un comandante nautico osservando Mr. Light per tre settimane concluse che fosse "un intelligente, affascinante, fervente idealista devoto alla causa da lui sposata".

Tuttavia, a renderlo speciale era l'amore incondizionato per la sua gente. Spesso lo si incontrava per le vie del paese, con indosso l'uniforme color kaki e i sandali, a chiacchierare allegramente con i bambini e i villani. Era l'anima del suo popolo.

Se fino ad ora non hai capito chi fosse il grande leader, rivoluzionario e architetto del moderno Vietnam, ti suggerirò il suo nome: Ho Chi Minh. Tutt'oggi è una leggenda. Il suo popolo rifiuta di lasciare andare i ricordi associati a lui, i suoi resti sono esposti nel mausoleo di Piazza Ba Đình ad Hanoi, nonostante egli avesse esplicitamente espresso il desiderio di essere cremato.

Nutrimento per l'intelletto

Il nome Ho Chi Minh evoca diverse sensazioni secondo la persona. Alcuni lo ammiravano mentre altri lo consideravano un ciarlatano, probabilmente perché non si conosce molto della sua vita privata. Cambiò più volte il suo nome e adottò pseudonimi durante i suoi viaggi.

Altri lo criticano per esser stato un comunista. Le sue inclinazioni comuniste sono innegabili, tuttavia nei primi anni Venti chiunque avesse assistito agli orrori della schiavitù praticata dai regimi capitalisti, avrebbe sostenuto una concezione romantica del Comunismo. Propensione che persisté finché le atrocità di Mao e Stalin non vennero alla luce. Allo stesso tempo, le potenze capitaliste "si migliorarono" introducendo leggi sul lavoro ferree, il salario minimo, per lasciarsi alle spalle la condotta degli anni Venti.

Non è obiettivo di questo libro, sostenere alcuna ideologia politica. Ho scelto Ho Chi Minh, poiché un introverso per antonomasia, un leader resiliente e determinato, che svolse gran parte del suo lavoro discretamente, per mezzo delle proprie forze, senza usufruire di una pomposa retorica. Sì, è stato appoggiato da Pechino e Mosca, ma talvolta si trovava in disaccordo con parte delle politiche comuniste sovietiche e cinesi. Egli spesso ricorse alla tecnica della persuasione per influenzare i membri del partito, a differenza di Stalin e Mao, non adoperò mai la forza bruta.

Quali insegnamenti possono trarre gli introversi da Ho Chi Minh? Egli aveva forti ideali, uno spirito rigoroso, una mente brillante, tutte caratteristiche innate degli introversi. Era elogiato per la sua intelligenza e coraggio.

La determinazione è una potenzialità interiore e non ha niente a che vedere con l'essere socievoli o estroversi. Ciò che ammiro maggiormente di Ho Chi Minh è la sua forte indole. Sebbene avesse una voce soave e fosse considerato "un ragazzo dolce", era risoluto, un instancabile combattente che voleva vedere il proprio popolo libero. Non era un sognatore indolente, ma capace di compiere passi concreti per realizzare i suoi obiettivi e creare un impatto durevole e positivo.

Le sfide non lo spaventavano. Si impadronì di super poteri e persistette, nonostante le probabilità di riuscita fossero assurdamente minuscole. Il tempo non gli faceva paura. Se l'indipendenza fosse arrivata dopo dieci, venticinque anni, o dopo la sua morte, l'idea di liberazione del suo popolo lo indusse a combattere, per raggiungere l'agognata meta.

Era deciso, scrupolosamente onesto, non impiegò mai le sue energie a beneficio personale. Agiva con creatività, immaginazione, sicurezza e sensibilità per creare equilibrio.

Penso che gli introversi possano imparare tanto da lui.

"Ricordate che la tempesta è una buona opportunità per il pino e il cipresso per mostrare la loro forza e la loro stabilità."

—Ho Chi Minh

Capitolo decimo: Il piccolo angelo della Crimea

Alla tenera età di diciassette anni, un'amabile donnina Vittoriana, ricevette una proposta di matrimonio da un eminente e "degno" gentiluomo chiamato Richard Monckton Milnes. Tale proposta, inusuale e a caldo, considerando i costumi dell'epoca che richiedevano, come consuetudine, la valutazione e approvazione di entrambe le famiglie, si rivelò una mera formalità.

Provate ad immaginare il disagio dello spasimante di fronte a tale rifiuto, quando gli riferì che sebbene la stimolasse intellettualmente e sentimentalmente "la sua morale...la sua vivace natura... desidera soddisfazione, che non incontrerà in questa vita."

Chi era questa persona? Una stolta o una santa? Per trovare una risposta, intraprendiamo un breve viaggio nella storia.

Il 12 maggio 1820, nell'Inghilterra Vittoriana, un influente famiglia britannica ricevette in dono una graziosa femminuccia. La bambina, crescendo, esasperava ogni giorno di più i membri della sua famiglia a causa del suo rifiuto di conformarsi al concetto di "donna ideale" vittoriana. Richard D. Altick afferma, "la donna era inferiore all'uomo in ogni aspetto, eccetto nell'unico che contava maggiormente per un uomo: la femminilità [...]. Il suo posto era a casa, su un autentico piedistallo, in caso se lo fossero potuti permettere, non nel mondo degli affari".

La realizzazione della propria esistenza, convinzione comune in gran parte dell'universo femminile, consisteva nel contrarre matrimonio, prodigandosi per il proprio consorte, e nell'apprendere e svolgere le abilità casalinghe quali: cucinare, fare il bucato, pulire e ricamare. Frivolezza e ignoranza erano le qualità che una donna ideale, per essere considerata tale, doveva possedere.

Tuttavia "Night", così chiameremo il piccolo angelo, desiderava ben altro per il suo futuro. La matematica era per lei oggetto di forte interesse data la sua naturale abilità con i numeri, motivo di scandalo per coloro che le stavano attorno. Dissimile alla madre che considerava la socializzazione con l'élite ragione di vanto, Night pari ad un tipico introverso detestava stare al centro dell'attenzione, quindi cercava di evitare per quanto potesse i pettegolii fini a sé stessi.

Quando i genitori di Night accompagnarono lei e la sorella per il gran tour d'Europa, mentre gli altri godevano della vista, degli odori dei luoghi storici visitati, Night teneva un diario nel quale registrava note dettagliate riguardo statistiche sulla popolazione, ospedali e istituzioni di beneficenza.

Non passò molto tempo prima che Night dichiarasse di aver ricevuto la "chiamata divina" per adempiere alla volontà di Dio. Aveva solo sedici anni.

Era stata chiamata a rispondere all'umile vocazione: la totale dedizione alla cura del prossimo.

Non c'è da meravigliarsi, quindi, se Night rifiutò di congiungersi in matrimonio con un eminente, giovane uomo proveniente da una famiglia benestante.

La decisione della piccola donna sconvolse i genitori. Nell'epoca Vittoriana, le infermiere erano generalmente povere, non qualificate e spesso associate ad una condotta immorale. Gli ospedali di certo non avevano una reputazione migliore, sporchi, disordinati e terreno fertile per le infezioni. Erano più considerati un posto dove morire che dove guarire.

La famiglia di Night tentò di tutto pur di dissuadere la figlia a non intraprendere una così deprecabile professione, ma la ragazza era determinata a compiere il proprio destino, senza curarsi di cosa potessero pensare i genitori o la società.

Night iniziò a visitare gli ospedali di Parigi, Roma e Londra. Il padre, infine, si ammorbidì e le permise di prepararsi come infermiera professionista in Germania. Nell'agosto 1853, Night divenne sovrintendente nell'ospedale di Harley Street a Londra.

Lo stesso anno scoppiò la Guerra di Crimea. L'Impero Britannico era schierato con la Russia e l'Impero Ottomano. Migliaia di soldati inglesi vennero mandati nel Mar Nero. Migliaia di feriti e ricoverati negli ospedali militari. Night ricevette una lettera da Sidney Herbert, responsabile del Ministero della Guerra, chiedendole di organizzare uno squadrone d'infermiere da inviare in Crimea. Night colse la sfida e repentinamente riunì trentotto infermiere volontarie provenienti da diversi ordini religiosi. Per inciso quella fu la prima volta in cui venne permesso alle donne di servire ufficialmente l'esercito.

Quando Night e il suo team di infermiere arrivarono all'ospedale militare di Scutari, vicino Istanbul, rimasero sconvolte da ciò che si presentò davanti ai loro occhi. L'edificio ospedaliero si trovava al di sopra di una fognatura che contaminava l'acqua e che i soldati erano costretti a bere. Il pavimento era coperto da uno strato di feci. I feriti giacevano su delle barelle imbrattati dei loro stessi escrementi. La costruzione era infestata di ratti ed insetti di vario tipo. I dottori potevano contare su esigue risorse a disposizione, man mano che gli afflitti aumentavano le fasciature e il sapone diminuivano. Molti soldati morivano a causa del colera e non dei proiettili.

Night si mise immediatamente a lavoro. Riuscì a recuperare centinaia di strofinacci e scope ed iniziò a pulire la superficie, aiutata da altre infermiere e soldati incaricati in quella mansione. Adibì una "cucina per gli infermi" dove veniva preparato del cibo apposito per pazienti con un particolare fabbisogno alimentare. Aprì una lavanderia in modo che i soldati potessero usufruire di biancheria pulita. Ma in particolare, istituì una libreria e un'aula studio per consentire ai pazienti di essere stimolati intellettualmente e distratti dal dolore e la sofferenza. L'impegno, la dedizione e servizio disinteressato di Night ridussero il tasso di morti di due terzi.

Perfino di notte, quando una donna non dovrebbe vagare al di fuori del proprio alloggio, Night si avventurava coraggiosamente, portando con sé una lampada, per occuparsi di un paziente dopo l'altro. I soldati profondamente grati, la soprannominavano *"Lady of the Lamp"* (La signora con la lanterna).

Vi dice qualcosa?

Sì, "The lady of the lamp" era proprio la leggendaria Florence Nightingale.

Una condotta "imprudente" presenta, purtroppo, sempre un conto da pagare. A Scutari, Florence contrasse la "Febbre di Crimea" dalla quale non guarì mai totalmente. Tuttavia, non permise al suo malanno di vincolarla in alcun modo e continuò ad adempiere ai suoi doveri con determinazione e coraggio.

Florence fissò, nero su bianco, tutta l'esperienza di Crimea in un resoconto di ottocento trenta pagine. A suo avviso, l'igiene, la sanità, l'aria fresca, la luce adeguata, una buona dieta, il calore, la tranquillità e l'attenzione prestata, dovevano rappresentare condizioni necessarie per la tenuta di ogni ospedale e le infermiere professioniste dovevano garantire di essere all'altezza di svolgere le mansioni fondamentali. I suoi consigli pratici contribuirono a trasformare gli ospedali da case della morte (considerando che in quel periodo gli antibiotici ancora non esistevano), a santuari di cura. Il suo resoconto scosse gli animi e venne istituita la "Royal Commission for the Health of the Army" (una Commissione Reale per la salute dell'esercito) nel 1857. I migliori statisti William Farr e John Sutherland della Commissione Sanitaria, la supportarono nell'analisi di una vasta gamma di complessi dati. La verità svelata dall'angelo di Crimea era sconcertante– sedicimila delle diciottomila morti non erano dovute alle ferite di battaglia, ma causate da malattie diffuse dalla malasanità, generate da una mancanza di prevenzione.

A Florence di ritorno in Inghilterra, fu destinato un benvenuto pari a quello di un eroe. La regina Vittoria, allora regina della Gran Bretagna, la premiò con $250,000.

Florence utilizzò il denaro per portare avanti la sua missione, a volta alla preparazione delle infermiere. Grazie al suo impegno fu fondata nel 1860 la "Nightingale Training School" presso l'ospedale St. Thomas. La formazione delle reclute prevedeva un anno di pratica in corsia, integrata con il programma di studio e seguita da due anni di esperienza lavorativa all'interno dell'ospedale. Conseguito il diploma gran parte degli studenti furono assunti negli ospedali inglesi, altri divulgarono il sistema educativo Nightingale ad altre nazioni.

Florence era pubblicamente ammirata. Le donne vittoriane aspiravano a diventare come lei. La professione dell'infermiera non era più vista come un lavoro di basso livello. Le vennero dedicati poemi, canzoni e commedie. Florence, tuttavia, non amava stare sotto la luce dei riflettori. Ovunque viaggiasse, adottava uno pseudonimo.

A Mayfair, dove risiedeva, ella rimase un caposaldo e difensore della riforma sanitaria, scambiando idee con i politici e ricevendo personalità eminenti. *Notes on Hospitals*, pubblicato nel 1859, divenne presto un'introduzione classica all'infermieristica e tutt'ora in stampa.

Florence Nightingale scrisse circa duecento libri, opuscoli, resoconti riguardanti gli ospedali, la sanità e le varie problematiche relative alla salute. Sebbene le sue condizioni fisiche la costrinsero a letto, nei suoi ultimi anni di vita, Nightingale amministrò il suo lavoro tramite corrispondenza.

Durante la guerra civile americana, venne frequentemente consultata per la gestione degli ospedali da campo. Fu molte volte interpellata come consigliera, persino riguardo a questioni di pubblica sanità, sia militare che civile, in India e nonostante non fosse mai stata in quel paese.

Nel 1908, ottantottenne, le fu conferito "the Merit of Honour" (Ordine al merito) dal re Edoardo.

Nell'agosto 1910, Florence Nightingale si ammalò gravemente. Morì inaspettatamente il 13 agosto alle due pomeridiane, nella sua abitazione londinese. Rispettando i suoi ultimi voleri in letto di morte, la famiglia respinse l'idea di un funerale nazionale. La salma della leggendaria "Signora con la lanterna" giace nel loculo di famiglia nella chiesa di St. Margaret, East Wellow, in Hampshire.

Nutrimento per l'intelletto

Gli psicologici sostengono che gli introversi agiscono secondo i loro valori morali interiori che gli suggeriscono cosa sia giusto o sbagliato. Florence rappresenta un esempio lampante: accolse la sua professione d'infermiera come una chiamata divina. Non dava importanza ai giudizi dei genitori e della società che consideravano tale occupazione immorale e ripugnante. Ascoltò il suo cuore. Ed è in tal modo che una tranquilla, timida e bizzarra ragazza creò un forte impatto nel sistema ospedaliero mondiale.

Se desideri affermarti come un leader introverso, ascolta il tuo cuore e non curarti dei consigli ipocriti e altezzosi degli altri.

Se ti sei sentito più volte troppo timido o impacciato per essere un leader, trai ispirazione dalle parole di Florence Nightingale:

"Attribuisco il mio successo a questo: non ho mai preso scuse."

—**Florence Nightingale**

Capitolo undicesimo: Il mondo s'inchina dinnanzi a lui, un Dio vivente in esilio

Tenzin era turbato. Era l'estate del 1950, a Norbulingka in Tibet, improvvisamente sentì muoversi il suolo sotto i suoi piedi e mentre gli altri si affrettavano ad abbandonare le loro case per raggiungere spazi aperti, ebbe uno strano presentimento.

Non era un semplice terremoto: era un terribile presagio.

Due giorni dopo, Tenzin ricevette un messaggio dal governatore di Kham: i soldati cinesi avevano saccheggiato una sede tibetana. Precedentemente erano avvenute incursioni transfrontaliere a profusione da parte dei comunisti cinesi che avevano annunciato l'intenzione di liberare il Tibet da "gli aggressori imperialisti".

Tenzin non aveva la minima idea a cosa i cinesi si stessero riferendo. Egli aveva da poco compiuto quindici anni. Sapeva solamente che con un'armata di ottomila cinquecento uomini non avrebbe potuto affrontare il feroce Esercito di Liberazione Popolare Cinese.

Nel tardo ottobre 1950, arrivò a Tanzin la notizia di un'armata di ottantamila soldati cinesi che stavano marciando verso Lhasa. Senza altre opportunità sulle quali fare affidamento il Governo tibetano consultò l'Oracolo Nechung. Il medium si avvicinò a Tanzin, e gli pose sul grembo una *kata*, una sciarpa di seta bianca sulla quale erano scritte le parole "*thu-la bap*", "È giunto il tuo momento". Il 17 novembre 1950, Tenzin Gyatso venne ufficialmente consacrato al potere temporale e spirituale del Tibet in una cerimonia tenuta al Palazzo Norbulingka, senza festeggiamenti, poiché la minaccia di una guerra incombeva all'orizzonte. Il giovane da quel momento sarebbe stato il leader indiscusso di sei milioni di abitanti.

Tenzin, prontamente, si consultò con i suoi due primi ministri e decise di mandare una delegazione negli Stati Uniti, Regno Unito, India e Nepal nella speranza di persuadere questi paesi ad intervenire a favore del Tibet. Un'altra delegazione si diresse verso Pechino per negoziare la ritirata delle truppe cinesi.

Nello stesso novembre, il fratello maggiore di Tenzin, malmenato e malconcio, giunse a Lhasa. Tenzin rievocò:

"Appena misi gli occhi su di lui, ero consapevole della sua profonda sofferenza. Amdo, la nostra provincia natale, dove Kumbum vive, è adiacente alla Cina, di conseguenza mio fratello cadde rapidamente nelle mani dei comunisti, prigioniero nel suo monastero. I cinesi tentarono di indottrinarlo secondo i loro ideali ed avevano anche escogitato un piano: lo avrebbero liberato e mandato a Lhasa per convincermi ad accettare le loro regole. Se avessi desistito, mi avrebbe dovuto uccidere. A missione ultimata lo avrebbero premiato."

Il peggio doveva ancora venire. Le delegazioni inviate nei vari paesi erano tornate a mani vuote. Il governo inglese, incredibilmente, concordò la rivendicazione cinese del Tibet, adducendo come motivazione, l'invasione, in un tempo precedente, da parte di Gengis Khan (in realtà un mongolo). La riluttanza americana a dare appoggio al Tibet diede il colpo di grazia.

Le due guerre mondiali, era pur vero, avevano indebolito le potenze occidentali che non erano in grado di sostenere gente dal nome impronunciabile in una remota regione montagnosa dell'Himalaya.

Rievoca, Tenzin: "Ho avvertito un forte dispiacere quando realizzai cosa tutto ciò stesse a significare: il Tibet avrebbe dovuto fronteggiare la potente Cina comunista contando solo sulle proprie forze".

Durante i nove anni a seguire, egli tentò di schivare le manovre militari cinesi che tentavano di prendere il potere del Tibet. Si assunse persino il rischio di inoltrarsi in Cina dal luglio 1954 fino al giugno 1955 per cercare una pacificazione ed incontrare Mao Zedong e altri rappresentati del partito, quali Zhou Enlai, Zhu De e Deng Xiaoping. Da novembre 1956 a marzo 1957, Tenzin visitò l'India per partecipare ai festeggiamenti per i duemila cinquecento anni trascorsi dalla nascita del *Buddha Jayanti*. Nonostante i suoi ripetuti sforzi, non si intravedeva alcun barlume di speranza.

Il 10 marzo 1959, il generale Zhang Jingwu estese l'invito, apparentemente innocente, al leader tibetano, a partecipare ad uno spettacolo teatrale messo in atto da una compagnia di ballo cinese. La richiesta era accompagnata, tuttavia, da una sinistra condizione: Tenzin avrebbe dovuto partecipare senza l'usuale scorta, portando con sé solo pochi funzionari, peraltro disarmati.

Un'acuta agitazione travolse il popolo di Lhasa, che immaginava cosa si stesse nascondendo dietro quel fittizio passo in avanti da parte cinese. Una folla di migliaia di tibetani si raccolse intorno al Palazzo Norbulingka, determinata a sventare ogni minaccia alla vita del giovane leader e ad impedire che egli assistesse allo spettacolo.

Seguirono frenetiche consultazioni con consiglieri e oracoli. Il suggerimento unanime fu quello di abbandonare il Paese, la galera o la morte sarebbero state le conseguenze. Le probabilità di riuscire ad organizzare una fuga fruttuosa sembravano scarse: troppi cinesi intorno, aguzzavano la vista come falchi.

Pochi minuti prima delle dieci del 17 marzo 1959, Tenzin si travestì da soldato e, insieme a un piccolo gruppo di persone, si disperse nella calca che circondava il suo palazzo. Impiegarono tre settimane per raggiungere il confine indiano (30 marzo 1959) dove vennero scortati fino a Bomdila, una città dello stato di Arunachal Pradesh. Nehru, il Primo Ministro del governo indiano assumendosi il considerevole rischio di provocare la reazione cinese, consentì di dare asilo a Tenzin.

Nel frattempo, i tibetani a Lhasa persero il controllo e attaccarono i cinesi. La Cina respinse la rivolta con il pugno di ferro. Migliaia fuggirono in India, ma milioni vennero massacrati. Numerosi monasteri vennero rasi al suolo.

Tenzin aveva perso tutto. In una delle sue interviste dichiarò: "Puoi chiamare casa, ovunque sei felice, e puoi chiamare genitore chiunque sia gentile con te. Ho perso il mio paese, ma sono stato felice e a casa nel mondo".

Tenzin incontrò Nehru ed iniziò un piano per la preservazione della cultura tibetana e patrimonio in India. Tuttavia, egli non mise su un'armata per controbattere ai cinesi poiché possedeva un'arma differente: "la pacatezza" combinata alla "compassione" e alla "benevolenza".

Ricorda, "la pacatezza", afferma Tenzin, la "calma", il "silenzio" e la "serenità" non sono strumenti per le persone passive o deboli.

Nonostante le precarie condizioni finanziarie del governo indiano, Tenzin riuscì a persuadere Nehru a sostenere tutte le spese per aprire edifici scolastici per i bambini tibetani. Egli fondò, inoltre, un governo tibetano in esilio a Dharamshala (nella provincia Himachal Pradesh). Stabilì diverse istituzioni, quali l'Istituto Tibetano per le Arti e lo Spettacolo, l'Istituto Centrale di Studi Tibetani Superiori e l'imponente Biblioteca di Opere e Archivi Tibetane che ospita più di ottantamila manoscritti, risorse inerenti alla storia, politica e cultura tibetana. Gli insediamenti tibetani a Mussourie, Dharamshala e in tanti altri luoghi, e diffusi in tutta l'India sembravano così autentici da fare sentire i visitatori come trasportati nel vero Tibet.

Egli decise di convertire la lotta per la causa tibetana in una guerra di maggiore portata. Una guerra a sfavore di "conflitti violenti, distruzione della natura, povertà e fame". L'umanità ne prese subito nota, identificandosi con le sue lotte, con il suo pensiero.

Tenzin contava seguaci in ogni angolo del pianeta. Nel 1989 è stato insignito del Premio Nobel per la Pace. Le star di Hollywood Richard Gere, Harrison Ford, Sharon Stone e Goldie Hawn supportarono la sua causa. Alcuni avevano persino abbracciato il buddhismo. La Cina suscitava ancora timore, ma non era più possibile la benevola presenza di Tenzin Gyatso in Tibet, la sua quieta voce contro le politiche repressive e sfruttatrici cinesi che gravavano sul Paese.

Qualche idea? Sì, mi riferisco esattamente a Sua Santità, il XIV Dalai Lama.

A questo punto, sarebbe il caso di fare un piccolo approfondimento sulla vita del "leader pacato" per antonomasia. Sarà un racconto carico di sfumature pittoresche...

Il fatto che i tibetani si prostrino e vadano in estasi dinnanzi al XIV Dalai Lama vi potrebbe indurre a pensare che egli discenda da una famiglia reale, ma NON è così. I genitori erano comuni agricoltori, benedetti, il 6 luglio 1935, dalla nascita di un figlio.

Essi non erano a conoscenza della morte del XIII Dalai Lama, e non avrebbero mai immaginato che il loro bambino sarebbe presto diventato il XIV Dalai Lama.

L'identificazione di un nuovo Dalai Lama avviene dopo un'elaborata, complessa cerimonia. La visione, che precede il processo, si rivela ad un monaco insigne e qualificato, durante la meditazione nei pressi delle acque del lago sacro vicino Lhasa. Il monaco visualizzò un monastero di tre piani dal tetto turchese e vermiglio ed un cammino lungo la collina. Vide anche una piccola casa con una grondaia dalla forma bizzarra. Il religioso era convinto che il sogno indicasse il luogo della reincarnazione del futuro leader spirituale. Il governo tibetano inviò una squadra di ricerca, nel luogo indicato dalla visione.

La squadra riuscì immediatamente ad individuare il monastero e la casa dalla grondaia peculiare. Il gruppo di inviati non volle subito svelare la ragione della visita e rimase per lungo tempo al monastero, mentre il leader della squadra di ricerca osservava attentamente il membro più giovane della famiglia.

Il fanciullo di due anni riconobbe immediatamente l'uomo e gridò "Sera lama, Sera lama". Sera era il nome del sovraintendente del monastero. Il giorno seguente, il capo della squadra di ricerca, intrigato, portò con sé degli oggetti appartenenti al XIII Dalai Lama insieme ad altri che non gli appartenevano.

Tra lo stupore di tutti i presenti, inclusi i genitori, Tenzin fu in grado di identificare gli oggetti dicendo, "È mio. È mio". La squadra non aveva più alcun dubbio, si trovavano dinnanzi la reincarnazione del loro precedente leader spirituale. Tenzin descrive la separazione dai suoi genitori molto dolorosa quando venne portato a Lhasa.

All'età di sei anni, incominciò la formazione della futura guida spirituale del Tibet. A quindici anni venne consacrato XIV

Dalai Lama e a venticinque, già in esilio, completò il dottorato in Filosofia Buddhista.

Nel luglio 2011 venne organizzata una conferenza sulla pace mondiale a West Lawn, Washington D.C. Accorsero circa ventimila persone per ascoltare un settantaseienne calvo che indossava occhiali bordati considerati leggermente fuori moda. L'uomo non parlò in maniera travolgente. Prese numerose pause. Alcune frasi erano formulate in un inglese stentato, non certo di madre lingua. Tuttavia la folla lo ascoltava rapita. Il viso dell'oratore emanava compassione e benevolenza. La calca era stregata dalla sua presenza. L'uomo sorrideva e faceva cenni di saluto in abbondanza e la gente restituiva il suo gesto affettivo rispondendo al saluto.

Egli non era un predicatore religioso ordinario, girò il mondo, instancabilmente, incitando il supporto della causa tibetana e senza chiedere a nessuno la conversione al buddhismo. È veramente toccante vederlo agire senza alcun rancore o risentimento.

La risata del Dalai Lama è stata definita la sua più potente arma. Isabel Hilton scrisse per il *New Yorker*, "È certamente una risata gradevole. Le sue spalle si sollevano, porta indietro il capo e oscilla sulla sua sedia fino a quando non ha smesso. La sua risata è un punto, che pone fine alla caccia di ulteriori serie di domande deviando l'impertinenza e l'ostilità".

Il Dalai Lama ha incontrato leader globali, tra cui i presidenti degli Stati Uniti, Francia e Germania, i primi ministri del Regno Unito, Australia, Nuova Zelanda, diversi reali quali il principe Carlo e il re di Norvegia, leader civili e religiosi inclusi Papa Giovanni Paolo II e il vescovo Desmond Tutu. Egli tenne discorsi al Congresso degli Stati Uniti, al Parlamento Europeo ed è stato coinvolto in molti dialoghi interconfessionali e discussioni con scienziati occidentali. Affrontò sempre sfide titaniche e il suo messaggio di pace e non violenza lo rivolgeva spesso a persone che non avevano alcuna cognizione del Tibet e del buddhismo. Il Dalai Lama, perciò, utilizzò un registro volto a lanciare un appello universale.

"Non importa da quale parte del mondo proveniamo, in sostanza siamo tutti esseri umani. Tutti siamo alla ricerca della felicità e tentiamo di sfuggire alla sofferenza. Abbiamo tutti gli stessi bisogni e preoccupazioni. Tutti noi esseri umani vogliamo la libertà e il diritto di determinare il nostro destino come individui e come popolo. È la natura umana", disse il Dalai Lama nel suo discorso di accettazione del Premio Nobel per la Pace.

Si sostiene che la mente orientale funzioni in maniera differente da quella occidentale. Quest'ultima conferisce maggiore importanza alla Logica, Scienza, Ragione e persino Economia e Business rispetto alla religione e la tradizione. "La meditazione porta alla positività mentale", è considerata una sciocchezza, una cosa da ciarlatani. In seguito all'affermazione di neurologi, secondo i quali "una meditazione consapevole rafforza i circuiti neurologici e, quindi, placa la parte del cervello responsabile della paura e della rabbia", gli occidentali hanno iniziato ad accettarla.

Il Dalai Lama tenne discorsi sulla democrazia, sull'economia e il business, sulla leadership, l'ambiente e il femminismo, argomenti che stimolano e attraggono maggiormente gli occidentali, dimostrando l'estesa conoscenza e preparazione delle culture straniere.

Attraverso la convinzione e la persistenza, questo "leader pacato", sebbene fosse in esilio e lontano dalla sua amata Lhasa e dal Potala, è riuscito a conquistare il cuore e le menti di milioni di persone ma ancora a vincere la battaglia per la liberazione del suo popolo; a detta dei buddhisti, nulla è permanente in questo mondo.

Nutrimento per l'intelletto

Il modo in cui il Dalai Lama porta avanti la sua causa sembra calzare a pennello agli introversi.

Secondo il Dalai Lama, l'aspetto più importante della leadership è mantenere la mente in armonia. Ti potresti chiedere, cosa hanno da spartire pace dei sensi e leadership?

Una mente armoniosa e in forma è fondamentale per il potenziamento delle qualità dei pensieri e la riduzione degli impulsi irrazionali. I pensieri negativi, come rabbia, frustrazione, mancanza di autostima, avidità e gelosia compromettono sempre il processo decisionale.

La calma è una caratteristica naturale degli introversi. Un'attenta analisi conferma che gli introversi non agiscono impulsivamente. La pressione di cui ci facciamo carico nel lavoro, quotidianamente, ostacola la lucidità cognitiva. I buddhisti allenano la loro mente attraverso la meditazione, ma gli introversi possono raggiungere uno stato di grazia semplicemente trascorrendo del tempo in solitudine (nel caso non apprezzino la meditazione) che fa da ricostituente portando alla mente positività e quiete.

Gli introversi sono spesso criticati per la lentezza del loro agire. Ci è stato frequentemente detto che il mondo va avanti grazie alle decisioni lampo e alla capacità di correre i rischi. Tuttavia, la condotta del Dalai Lama incoraggia gli introversi a utilizzare tutto il tempo necessario per prendere le giuste decisioni.

Per essere un leader è bene che tu sia consapevole delle tue azioni, in tal modo saresti in grado di valutare attentamente le implicazioni delle tue azioni. Gli introversi posseggono un'innata mente analitica e questo tipo di ragionamento potrebbe condurre all'esatta soluzione.

Se non ami fare discorsi elaborati, non vi è alcun bisogno di farli, direbbe prontamente il Dalai Lama. Ti potresti domandare, come posso guidare gli altri se non riesco ad esprimermi adeguatamente? Non devi certamente costantemente convocare meeting; un'esagerata formalità potrebbe danneggiare la comunicazione da persona a persona.

Il Dalai Lama suggerisce la pratica dell'interazione cuore a cuore. Lascia le tue porte aperte e permetti che una persona si rivolga a te personalmente. Esorta, inoltre, i tuoi impiegati, clienti, soci a condividere con te le loro opinioni via email o qualsiasi altro mezzo considerato da loro meno intimidatorio.

In conclusione, suggerisco a tutti di trarre esempio dal modo in cui il leader buddhista si prepara prima di un evento e da come riesce a percepire il target dell'audience. Egli è consapevole che gli ascoltatori occidentali sono differenti da quelli tibetani, per questo, egli deliberatamente esclude il buddhismo dai suoi discorsi, dissuadendoli persino ad abbracciare la religione. Si concentrava, invece, sul business, economia, leadership, management, ambiente, democrazia, femminismo e ogni altro argomento che potesse attrarre l'attenzione del pubblico. Questo suo modo di porsi agli altri, gli ha permesso la conquista di milioni di cuori in tutto il mondo.

Per un introverso la preparazione è un procedimento naturale. Usa questa forza per comprendere il tuo audience ed esprimiti attraverso il loro linguaggio.

Non vi è alcuna necessità di mostrarsi aggressivi o ampollosi.

E se non funziona, sii persistente! La perseveranza è la qualità migliore degli introversi: qualunque idea, non importa quanto "dolcemente" sia stata comunicata, può fare la differenza.

Dirigi i tuoi i passi verso la via della pacatezza.

"Se pensi di essere troppo piccolo per fare la differenza, prova a dormire con una zanzara"

—Tenzin Gyatso, il XIV Dalai Lama

Capitolo dodicesimo: Il Confucio del ventunesimo secolo

Rimase molto turbato Jack Chu, ventenne, "Studente Internazionale" di legge nel Royal College di Londra (RCL), quando venne a sapere che gli studenti stranieri avrebbero dovuto pagare la retta universitaria dieci volte in più di un nativo inglese o di uno studente dell'Unione Europea. Nella brochure dell'esclusivo college si leggeva, invece, di un trattamento egualitario verso tutti gli studenti. Veramente?!

Motivo di ulteriore esasperazione era, per Jack Chu, l'assenza di informazioni necessarie agli studenti internazionali per facilitarli nel loro percorso. Non vi era alcuna guida informativa riguardo agli alloggi, all'apertura di un conto bancario o a semplici informazioni per ottenere un Oyster card per i bus e la metro di Londra, tutte indicazioni che ad uno studente straniero sarebbero tornate utili. Persino le lezioni, i compiti e le valutazioni confondevano Jack.

Egli avrebbe voluto conoscere qualche studente dell'ultimo anno che lo aiutasse a muoversi nella RLC, un'università talmente grande da far sentire smarrito chiunque. La matricola pensò di richiedere un tutorato che potesse soddisfare i bisogni specifici degli studenti internazionali. L'idea era quella di far sì che gli studenti senior si offrissero come volontari per fare da mentori ai nuovi iscritti per farli sentire a proprio agio. In tal modo gli studenti stranieri avrebbero potuto chiedere chiarimenti riguardo a qualunque cosa li confondesse ed "i veterani" avrebbero potuto stringere amicizia con le matricole attraverso un iter strutturato.

Jack pensò fosse una buona idea, ma non sapeva come metterla in atto. Un raggio di speranza venne irradiato dal rettore del college, un uomo affabile e disponibile. Decise, così di fissare un appuntamento con lui.

Il giorno dopo, il ragazzo si affrettò a raggiungere l'ufficio del direttore. Bussò alla porta ed una piacevole voce gli rispose dall'interno:

"Oh, prego entri."

Jack entrò. Il preside indossava un abito gessato e una cravatta blu. I capelli brizzolati e un viso esposto alle intemperie inducevano a pensare che l'uomo fosse sulla cinquantina. Gli occhiali bordati completavano il suo look professionale.

"Come le posso essere d'aiuto?" chiese il rettore.

"Ehmmm in realtà..." Jack si prese una pausa per raccogliere i pensieri e scattò d'impulso:

"Noi studenti internazionali incontriamo molte difficoltà a Londra."

"Sul serio? Potrei essere in grado di darle una mano," disse il direttore.

"È molto gentile da parte sua, Signore. I problemi sono molti. Troviamo difficoltà nel trovare alloggio o un coinquilino con cui dividere i costi dell'appartamento. Londra è un'incognita per noi. Non sappiamo come studiare per i corsi o cosa il sistema educativo si aspetta da noi. Non abbiamo la minima idea riguardo la candidatura per lavori estivi e quale sia il momento opportuno per poterlo fare, non conosciamo i vari percorsi lavorativi da intraprendere. Inoltre non abbiamo la possibilità di incontrare i laureandi internazionali" Jack era irrefrenabile.

"Che sciagura!" replicò il preside.

"Ed è solo l'inizio. La lista è molto lunga" continuò Jack elencando un papello di lamentele.

L'uomo ascoltò con pazienza e chiese:

"Quali soluzioni proporrebbe Signor Chu?"

"Riflettevo riguardo l'attivazione di un programma di tutoraggio, dove gli studenti internazionali senior possano incontrare le matricole settimanalmente...sarebbe un incontro abbastanza informale, ci sentiremmo più a nostro agio condividendo i nostri problemi con studenti piuttosto che con lo staff accademico. Sarebbe non solo una buona occasione per stringere amicizia, ma i veterani potrebbero inserire la loro esperienza da mentori nel Curriculum Vitae" spiegò Jack.

"Molto bene. Signor Chu. Tuttavia, vi è una complicazione, un programma del genere richiederebbe dei fondi, di conseguenza dovrei dimostrare in consiglio di amministrazione che la domanda, a favore di questo programma sia alta. Lei, dovrebbe dimostrare che la maggior parte dei suoi colleghi avvalli i suoi stessi bisogni. In tal caso io potrei essere in grado di convincere il consiglio a sovvenzionare il progetto", chiarì il rettore.

Jack rimase spiazzato. Non aveva previsto che nel suo piano sarebbero sopraggiunte delle "complicazioni".

"Sembra un'impresa impossibile," disse il ragazzo tra sé e sé.

Dopo aver riflettuto per un momento, Jack chiese una lista con l'indirizzo email di tutti gli studenti internazionali, sia junior che senior. Il direttore esitò, la legge inglese avrebbe potuto vedere la sua richiesta come una violazione della privacy. Tuttavia, decise di fornirgli la lista a condizione che la corrispondenza avvenisse a nome dell'assistente speciale del rettore.

Jack assentì. La sera stessa, seduto nella biblioteca, cercava di capire cosa avrebbe potuto fare. Tabula rasa. Decise di leggere qualcosa, gli cadde l'occhio su un libro di Confucio. Iniziò a leggerlo.

Erano quasi le diciannove quando Jack torno al suo residence. Buttò giù due bocconi velocemente e stanchissimo sprofondò nel letto. Quella notte vide qualcosa di strano e vivido.

Un uomo dalle sopracciglia folte e bianche come la neve ed una barba lunghissima gli fece visita. Indossava una tunica del V secolo a.C., che Jack aveva visto addosso ai monaci nei famosi film di Kung Fu. Il ragazzo ricordò, l'uomo somigliava al personaggio di cui aveva letto la sera prima.

"Sei Confucio, venerabile maestro?" domandò Jack.

"Non puoi aprire un libro senza trarre alcun insegnamento da esso," affermò il monaco.

Il monaco sorrise, come se il responso travestito da enigma avesse potuto risolvere tutti i problemi del ragazzo.

"Oddio, sei veramente Confucio!" esclamò lo studente.

Jack era un ragazzo tranquillo che non amava esprimere i propri sentimenti. Ma quella notte sentì che si sarebbe potuto aprire a quella personalità divina.

"Oggi ho fatto presente al direttore le problematiche di noi studenti. Ho anche avanzato una soluzione, ma non è stata abbastanza soddisfacente per il preside. Voleva una prova che la domanda non corrispondesse solo al bisogno di un singolo studente. Come posso riuscire a trovare le prove per lui?" domandò Jack.

"Il successo dipende da una precedente preparazione, e senza di essa il fallimento è assicurato" spiegò Confucio.

"E se dovessi fallire?" insisté Jack.

"La felicità più grande non sta nel non cadere mai, ma nel risollevarsi sempre dopo una caduta" dichiarò Confucio.

"Non so neanche da dove iniziare!" replicò il ragazzo preso dallo sconforto.

"Ciò che conta è non fermarsi, non importa quanto lentamente tu proceda" disse il Maestro.

"Potrei inoltrare un'email a tutti gli studenti internazionali. Pensa che mi darebbero ascolto?" chiese Jack.

"La volontà di vincere, il desiderio di affermarsi, la brama di raggiungere le tue piene potenzialità...queste sono le chiavi che aprono la porta dell'eccellenza" chiarì Confucio.

"Ma per quale motivo dovrebbero ascoltarmi? Non sono sicuro di essere la persona idonea in questo compito. Non sono persuasivo, dominante o socievole. Sono privo di quelle qualità che i miei compagni più socievoli ed eloquenti possiedono" Jack, ancora dubbioso, ribatté.

"Saggezza, compassione e coraggio sono le tre qualità morali riconosciute universalmente" dichiarò il Maestro.

"Ma io non sono eloquente. Sono troppo calmo. O perlomeno è quello che i miei amici dicono. Ho bisogno di tempo per riflettere," continuò Jack.

"Il silenzio è un vero amico, non tradisce mai" incalzò Confucio.

"E se non mi ascoltassero?" continuò Jack.

"Quando è evidente che un obiettivo possa essere realizzato, non cambiare obiettivo, regola i passi per raggiungerlo," consigliò il Saggio.

"E se ridessero leggendo la mia e-mail o mi considerassero pazzo? Non sarebbe un terribile errore?" domandò il ragazzo ormai preso dal panico.

"Se sbagli e non ti correggi, quello è definito errore" spiegò Confucio.

"Sto pensando troppo?" chiese Jack.

"Chi impara, ma non pensa, è perduto. Chi pensa, ma non impara, è in pericolo." disse il Saggio.

"Non l'ho mai fatto prima. Non ho la minima nozione di come poter organizzare un programma di tutoraggio" borbottò la matricola.

"Essere consapevoli di ciò che si conosce e ciò che non si conosce, questa è la vera conoscenza" dichiarò il Maestro.

"Ma non ho veramente alcuna esperienza al riguardo" enfatizzò il ragazzo.

"Io sento e dimentico, guardo e ricordo, faccio e comprendo" affermò Confucio.

"Pensa sia una buona idea il mio piano?" domandò Jack.

"Se pensi in termini di anni, pianta riso; se pensi in termini di dieci anni, pianta alberi; se pensi in termini di cento anni, insegna alla gente," disse il Saggio.

"Come posso rendere questo programma un successo?" persistette il giovane.

"Pratica i cinque fondamenti della virtù: cortesia, generosità, onestà, diligenza e gentilezza," lo istruì il Maestro.

"Non sono sicuro mi possa piacere un compito del genere. Ruberà troppo del mio tempo?" si domandò Jack.

"Scegli il lavoro che ami, e non lavorerai un giorno della tua vita," rispose Confucio

"Ho tutte le risposte che necessito. Dovrei tentare, magari iniziando a mandare un'e-mail a tutti. Cosa suggerisce?" chiese il ragazzo.

"In qualunque direzione tu vada, vacci con il cuore," fu il suggerimento di commiato del Maestro Confucio.

L'immagine del monaco lentamente si affievolì e Jack si svegliò con la situazione in pugno. Era già giorno.

"Che sogno vivido!" pensò ad alta voce il ragazzo.

Aveva deciso di inviare un'e-mail. Si mise seduto e scrisse una prima bozza.

Mentre le parole scorrevano sul foglio a casaccio, lo studente rassicurò se stesso:

"Grazie a Dio è solo un'email."

Jack scrisse e riscrisse.

"L'email dovrebbe catturare l'attenzione di ogni studente. Dovrebbe essere rivolta a tutti," rifletté Jack.

Egli aveva fatto qualche ricerca riguardo ai programmi di tutoraggio avviati da altre università e dato un'occhiata ad alcune discussioni di studenti internazionali su dei forum e su gruppi Facebook. Jack rimase colpito, gli studenti internazionali presentavano quasi tutti gli stessi problemi. Ora non rimaneva che sintetizzare le sue ricerche nell'e-mail.

Dopo altre tre bozze, il documento sembrava presentabile. Controllò un'ultima volta e augurò a sé stesso il meglio. Cliccò "invio" e l'e-mail fu inoltrata a centinaia di studenti internazionali.

Di seguito quanto scrisse:

"Cari amici,

Vi scrivo a nome del rettore per scoprire se:

i) Fate fatica a trovare un alloggio;

ii) Soffrite la mancanza di casa e vorreste parlare con qualcuno che vi possa aiutare a destreggiarvi nei "meandri" di Londra;

iii) Il professore vi ha dato una B+ e non vi ha dato indicazioni su come poter migliorare quel voto;

iv) Nessuno vi ha parlato degli sbocchi occupazionali una volta laureati;

Se questi sono le preoccupazioni a cui spesso dovete fare fronte, non vi preoccupate, sono anche io sulla stessa barca.

La mia proposta: *avviare un programma di tutoraggio nel quale le matricole incontrano i senior su base settimanale, in modo da discutere i problemi che li affliggono. Io, personalmente, mi sento più a mio agio a confidarmi con un mio compagno che con un professore. E voi?*

Il problema: *Ho già discusso con il rettore e mi ha spiegato che dovrà convincere il consiglio d'amministrazione per finanziare il progetto. Ma per fare ciò, ha richiesto una prova che la domanda effettivamente esista.*

Affinché il programma possa partire ho bisogno del vostro aiuto. Incontriamoci domani nell'Aula 301, di fronte al bar, alle 13:00 per darmi i vostri giudizi riguardo al progetto.

Per gli studenti senior: *So che ci siete già passati e avete avuto la vostra parte di sofferenze. Ma adesso avete l'opportunità che il karma passi dalla vostra, difatti vorrei sottolineare che "il tutoraggio" è una buona occasione per arricchire il vostro curriculum.*

Non esitate a rispondere e fatemi sapere se ci sarete.

Saluti,

Jack"

Jack incrociò le dita e sperò per il meglio. In un'ora, la sua casella postale era inondata di e-mail che esprimevano entusiasmo per l'idea del loro compagno e confermavano che non sarebbero mancati all'appuntamento.

Alcuni si domandavano come fosse possibile che il rettore avesse bisogno di convincere il consiglio di amministrazione, considerate le entrate garantite dagli studenti stranieri, i quali pagavano dieci volte in più che gli studenti locali.

Jack era sopraffatto, non si aspettava un tale responso. La sua e-mail aveva ottenuto grande risonanza. Tuttavia, avvertiva una strana ansia. Il giorno dopo sarebbe stato al centro dell'attenzione e l'idea non lo entusiasmava minimamente.

Il ragazzo non era loquace. Trascorse tutto il pomeriggio a pensare cosa avrebbe potuto dire ai colleghi.

Il giorno seguente si presentò quindici minuti prima del dovuto per scaricare l'ansia. Sarebbe stato un grande giorno o un flop totale? Mancavano cinque minuti e ancora nessuno si era fatto vivo. Jack si chiedeva se avesse intrapreso la via giusta.

Si diede altri quindici minuti di tempo, se non si fosse presentato nessuno avrebbe mollato tutto. Allo scoccare dell'orologio, gli studenti cominciarono a prendere posto. L'aula cominciò a riempirsi, il vociare di una marea di ragazzi aveva inondato la stanza.

Jack tirò un sospiro di sollievo e ringraziò sé stesso per non aver abbandonato la nave. Ma adesso stava per affrontare un'ulteriore sfida: parlare in pubblico!

Lo studente, leggermente esitante, si presentò e chiese a gli altri di fare lo stesso. Dopo aver brevemente introdotto le ragioni dell'incontro chiese: "Allora cosa vi dà problemi?"

"Il mio professore dice che noi stranieri scriviamo troppo, ma non arriviamo mai al punto", annunciò il primo studente, aprendo le danze.

"Oh, male, male!" enfatizzò Jack.

"Faccio ancora fatica a trovare un alloggio", lamentò un altro.

"Mi manca il cibo di casa mia. Qui è troppo insipido", fu la terza motivazione.

Jack ascoltò attentamente, prese appunti e lasciò gli altri confrontarsi a vicenda. Egli, sporadicamente, faceva qualche domanda o chiedeva a qualcuno di arrivare velocemente al punto. Gli studenti lentamente si aprirono e furono in grado di condividere apertamente le loro difficoltà.

Alla fine dello scambio di opinioni, Jack concluse:

"Tirando le somme, ragazzi non pensate che condividere i vostri sentimenti con i vostri coetanei sia meglio che farlo con gli insegnanti? Ed è anche un modo per conoscere i nostri veterani".

Tutti annuirono. Jack tirò fuori una piccola scatola.

"Se pensiate che questo sia un programma valido, prendete un pezzo di carta e scrivetelo, includendo il vostro nome e il corso."

Tutti eseguirono quanto detto, inserirono il bigliettino nella scatola e augurarono buona fortuna a Jack.

Ad operazione completata, Jack contò i voti. La maggior parte dei ragazzi era dalla sua parte. Solo alcuni non espressero un giudizio positivo, in quanto ritenevano che il progetto non apportasse reali benefici e fosse solo una perdita di tempo.

Colmo di gioia ed eccitato, portò la scatola al rettore, per comprovare la necessità di tanti studenti dell'attuazione del programma. Questi, sorpreso applaudì all'iniziativa del ragazzo.

RCL avviò presto un solido programma di tutoraggio per gli studenti internazionali, tutt'ora in vigore, anni dopo della laurea di Jack e dei compagni.

Jack a volte si chiede cosa sarebbe successo se i ragazzi non avessero risposto positivamente all'e-mail e si domanda anche se il fantasma di Confucio avesse parlato veramente con lui o fosse stato tutto frutto della sua immaginazione.

"Se non sei in grado di spiegarlo ad un bambino di sei anni, non hai capito neanche tu."

— Albert Einstein

Le citazioni attribuite a Confucio (latinizzato dal cinese Kong Zi o Kong Fu Zi) sono state reperite da diverse fonti, mentre i riferimenti a nomi, personaggi e luoghi sono puramente casuali.

Confucio, il grande filosofo cinese, visse circa 2500 anni fa. Egli non scrisse alcun testo, i suoi seguaci raggrupparono tutti i suoi insegnamenti in una raccolta chiamata *I dialoghi*. Grazie a Matteo Ricci che tradusse i testi in latino, divennero anche diffusi in Occidente.

Sebbene si sappia poco della vita e del trascorso del filosofo, egli era senza un dubbio un "Leader Pacato". Nel suo libro, *Confucius on Leadership* John Adair afferma che Confucio fosse un filosofo in senso pratico, non accademico, pari al suo contemporaneo Socrate.

Molti non sanno che Confucio fosse stato ministro del governo locale e probabilmente la prima persona a ritirarsi nel pieno della carriera per dedicare la sua vita a preparare i futuri leader. "In tal senso, le cose non erano così differenti persino duemilacinquecento anni fa. Egli realizzò che i principi morali dei futuri leader non erano soddisfacenti e si diede da fare per poter cambiare le cose", spiega Adair.

Una lettura di Confucio ci ricorda la virtù: prenderci cura di ciò che ci circonda e agire in modo prudente ma decisivo, sono modelli di condotta di cui non si può fare a meno.

La bellezza degli aforismi del Maestro è che trovano tutt'oggi un riscontro, come allora, quando sono stati scritti per la prima volta.

"L'uomo che sposta le montagne comincia portando via i sassi più piccoli."

— **Confucio: I dialoghi**

Conclusione

Mi auguro che i "leader pacati" incontrati lungo queste pagine abbiano rafforzato la tua determinazione e infuso il coraggio per intraprendere il sereno viaggio verso la leadership. Da introverso, devi essere consapevole dell'autentico fuoco che brucia al tuo interno.

A quale fuoco mi riferisco?

Salvare l'ambiente o essere un animalista?

Ispirare gli altri attraverso la scrittura?

Lavorare per le tue idee senza aver bisogno di un superiore o essere un imprenditore?

Qualunque sia il tuo scopo, spero il libro ti abbia reso più sicuro di te e motivato a perseguire i tuoi obiettivi a lungo termine.

Nel frattempo goditi le seguenti citazioni motivazionali di altri "leader pacati":

"Con la gentilezza si può scuotere il mondo."

Mahatma Gandhi

"I tuoi desideri diventeranno chiari se riesci a leggere dentro il tuo cuore.

Chi guarda fuori, sogna; chi guarda dentro, si sveglia."

C.G. Jung

"Conoscere te stesso è il principio di tutta la saggezza."

Aristotele

"L'inizio è la parte più importante del lavoro."

Platone

"Accetta tutto su di te, voglio dire tutto. Tu sei tu, e quello è il principio e la fine, niente scuse né pentimenti."

Clark Moustakas

"Puoi essere un introverso molto carismatico."

Olivia Fox Cabane

"Pensieri e azioni positivi producono risultati e condizioni positivi."

Dalai Lama

"Se ho tre ore di tempo per abbattere un albero, uso la prima per affilare l'ascia."

Abraham Lincoln

"Le persone sagge parlano perché hanno qualcosa da dire. Le persone sciocche perché hanno da dire qualcosa."

Platone

"Sii sempre fedele nelle piccole cose, perché in esse risiede la nostra forza."

Madre Teresa

Libri dell'autore nella collana
"Fenice tranquilla"

———

FENICE TRANQUILLA: GUIDA PER INTROVERSI PER RISORGERE NEL LAVORO E NELLA VITA

ELOGIO DEL LEADER PACATO: STORIE EDIFICANTI DI LEADER INTROVERSI CHE HANNO CAMBIATO LA STORIA

ELOGIO DELLA PACATEZZA: STORIE DI ISPIRAZIONE PER GLI INTROVERSI E GLI IPERSENSIBILI

ELOGIO DEGLI ARTISTI PACATI: STORIE EMOZIONANTI DI ARTISTI INTROVERSI CHE IL MONDO NON POTRÀ MAI DIMENTICARE

Libri di NARRATIVA di Prasenjeet Kumar

UN AMORE DI LEGALE

AUTISTICAMENTE TUO

NESSUNA TRACCIA DI LEI...

Libri dell'autore nella collana "Come cucinare in un lampo"

———

COME CUCINARE IN UN LAMPO: ANCHE SE NON AVETE MAI LESSATO UN UOVO PRIMA

CUCINA INDIANA CASALINGA IN UN LAMPO

LA CUCINA SALUTARE IN UN LAMPO: UNA GUIDA SENZA DIETE O MODE ALIMENTARI

COME PREPARARE UN PASTO COMPLETO IN UN LAMPO

LA GUIDA DEFINITIVA PER CUCINARE LE VERDURE ALLA MANIERA INDIANA

LA GUIDA DEFINITIVA PER CUCINARE LE LENTICCHIE ALLA MANIERA INDIANA

LA GUIDA DEFINITIVA PER CUCINARE IL PESCE ALLA MANIERA INDIANA

LA GUIDA DEFINITIVA PER CUCINARE IL POLLO ALLA MANIERA INDIANA

LA GUIDA DEFINITIVA PER CUCINARE IL RISO ALLA MANIERA INDIANA

LA GUIDA DEFINITIVA PER CUCINARE I DOLCI ALLA MANIERA INDIANA

LA GUIDA DEFINITIVA PER PREPARARE SNACK ALLA MANIERA INDIANA

Libri dell'autore nella serie "Auto-Pubblicare SENZA SPENDERE UN SOLDO"

COME ESSERE UN AUTORE/IMPRENDITORE SENZA SPENDERE UN SOLDO

COME TRADURRE IL TUO LIBRO SENZA SPENDERE UN SOLDO

COME COMMERCIALIZZARE I TUOI LIBRI SENZA SPENDERE UN SOLDO

COME DIVENTARE UNO SCRITTORE FELICE SENZA SPENDERE UN SOLDO

Ringraziamenti

Ai miei cari mamma e papà: senza il loro costante supporto e fiducia nelle mie capacità, non avrei potuto scrivere questo libro.

Dichiarazione di non responsabilità

Questo libro non vuole urtare la sensibilità politica o religiosa, razziale o nazionalistica di alcuno, né intende fare proseliti.

Contatta l'autore

Sarai il benvenuto, qualora volessi visitare il mio sito: http://www.publishwithprasen.com

Per porre domande, commentare o proporre eventuali collaborazioni nei miei futuri progetti, non esitare a contattarmi: prasenjeet@publishwithprasen.com

Mi piacerebbe mantenere i contatti anche sui Social Media. Seguimi su:

Twitter

https://twitter.com/PublishWithPras

Goodreads

https://www.goodreads.com/prasenjeet

Google Plus

https://www.google.com/+PrasenjeetKumarAuthor

La traduzione in italiano è a cura di Ambra Raco, per ulteriori informazioni, suggerimenti, chiarimenti, potrete contattarla al seguente indirizzo e-mail: ambraraco@gmail.com

L'autore

Prasenjeet Kumar è autore di ventidue libri corrispondenti a quattro diversi generi: romanzi d'amore, libri di cucina (*la collana Cucinare in un lampo*), libri motivazionali per introversi (*la collana Fenice Tranquilla*) e libri relativi all'autopubblicazione (*la collana Autopubblicare senza spendere un soldo*). Trentatré, fra i suoi lavori, sono stati tradotti in spagnolo, portoghese, italiano, tedesco, francese e giapponese.

Laureato in legge all' University College London (2005-2008), ha conseguito una Laurea ad Honorem in filosofia presso St. Stephen's College (2002-2005), Università di Delhi. Egli, inoltre, possiede un diploma di Studio Legale (LPC) rilasciato dal College of Law, Bloomsbury, Londra.

È un appassionato di cibo gourmet, musica, film e golf. La sua grande passione per i viaggi lo ha già portato in diciassette paesi quali: Canada, Cina, Danimarca, Dubai, Germania, Hong Kong, Indonesia, Macao, Malesia, Sharjah, Svezia, Svizzera, Thailandia, Turchia, Regno Unito, Uzbekistan e USA.

Prasenjeet è un designer autodidatta, scrittore, editore e creatore del website cookinginajiffy.com , dedicato alla madre. Gestisce, inoltre, un website publishwithprasen.com nel quale condivide consigli sulla scrittura e sulla autopubblicazione.

www.ingramcontent.com/pod-product-compliance
Lightning Source LLC
Chambersburg PA
CBHW022132150726
47992CB00002B/556